教科書ワーク
もくじ

光村図書版
漢字5年

【イラスト】植木美江、坂道なつ、はやはらよしろう

人物の心情や人物どうしの関わりをとらえ、印象に残ったことを伝え合おう

基本のワーク

かんがえるのって　おもしろい
銀色の裏地《うら》／図書館を使いこなそう

教科書 20～41ページ

勉強した日　月　日

◆「読み方」の赤い字は教科書で使われている読みです。（マーク）はまちがえやすい漢字です。

かんがえるのって　おもしろい／銀色の裏地

像（20ページ）　にんべん　14画
（はらう・はねる）
- 読み方：ゾウ／―
- 使い方：想像《そうぞう》・人物像《じんぶつぞう》

経（21ページ）　いとへん　11画
（あける・はらう・はらう・とめる・下を長く）
- 読み方：ケイ・（キョウ）／へる
- 使い方：経験《けいけん》・経済《けいざい》・経路《けいろ》／年月を経《へ》る

同じ読み方で形のにている漢字。
- 経（ケイ）　たて糸。通りすぎる。　例 経緯《い》・経由
- 径（ケイ）　こみち。まっすぐな道。　例 直径・半径

情（25ページ）　りっしんべん　11画
（一番長く・とめる・はねる）
- 読み方：ジョウ・（セイ）／なさけ
- 使い方：心情《しんじょう》・表情《ひょうじょう》／情《なさ》けをかける

象（25ページ）　ぶた　いのこ　12画
（短く・はらう・はねる）
- 読み方：ショウ・ゾウ／―
- 使い方：印象《いんしょう》・気象《きしょう》・現象《げんしょう》／象《ぞう》が歩く

絶（26ページ）　いとへん　12画
（はらう・とめる・はねる）
- 読み方：ゼツ／たえる・たやす／たつ
- 使い方：絶対《ぜったい》・絶景《ぜっけい》／便りが絶《た》える

筆順 1 2 3 4 5　まちがえやすいところ…★

28ページ

厚

がんだれ

厚（はらう・はねる）

読み方
（コウ）
あつい

使い方
厚《あつ》い雲・分厚《ぶあつ》い

★厚厚厚厚厚厚厚厚厚
9画

同じ読み方の漢字。
厚《あつ》い…あつみがある。思い入れが深い。（↔うすい）
暑《あつ》い…気温が高い。（↔寒い）
熱《あつ》い…ものの温度が高い。（↔冷たい）

28ページ

賞

かい

賞（はらう・はねる・とめる）

読み方
ショウ
—

使い方
賞《しょう》を取る・賞品《しょうひん》
金賞《きんしょう》・入賞《にゅうしょう》

★賞賞賞賞賞賞賞賞賞賞賞賞賞賞賞
15画

28ページ

状

いぬ

状（つき出さない・わすれない・とめる・はらう）

読み方
ジョウ
—

使い方
賞状《しょうじょう》・状態《じょうたい》・病状《びょうじょう》

★状状状状状状状
7画

30ページ

喜

くち

喜（上を長く・一番長く）

読み方
キ
よろこぶ

使い方
喜劇《きげき》・悲喜《ひき》
勝利を喜《よろこ》ぶ

喜喜★喜喜喜喜喜喜喜喜喜喜
12画

38ページ

解

つのへん

解（つき出さない・はねる・つき出す）

読み方
カイ・（ゲ）
とく・とかす
とける

使い方
理解《りかい》・解決《かいけつ》・解説《かいせつ》
課題を解《と》く

解解解解解★解解解解解解解解
13画

同じ読み方の言葉。
解答《かいとう》…問題を解いて、それに答えること。
例 クイズの解答者。
回答《かいとう》…問い合わせや要求に対して答えること。
例 アンケートに回答する。

図書館を使いこなそう

40ページ

容

うかんむり

容（立てる・はねる・はらう）

読み方
ヨウ
—

使い方
内容《ないよう》・容器《ようき》・容量《ようりょう》

★容容容容容容容容容容
10画

ものしりメモ 「情」には、「思いやり・心の動き」などの意味があるよ。「忄」（りっしんべん）は、心に関係のある漢字に付くんだ。

40ページ

技 てへん

技（あける・はらう・はねる）

読み方
ギ
（わざ）

使い方
技術《ぎじゅつ》・競技《きょうぎ》・特技《とくぎ》

7画

40ページ

術 ぎょうがまえ ゆきがまえ

術（あける・わすれない・はねる・とめる）

読み方
ジュツ

使い方
技術《ぎじゅつ》・芸術《げいじゅつ》・手術《しゅじゅつ》

11画

部首に注意。
「術」の部首は、「行」(ぎょうがまえ・ゆきがまえ)だよ。「彳」(ぎょうにんべん)とまちがえないようにね。
「行」の付く漢字…街 衛《えい》 など。

注意！

40ページ

適 しんにょう しんにゅう

適（立てる・一画・はねる・とめる）

読み方
テキ

使い方
適切《てきせつ》・適度《てきど》・快適《かいてき》

14画

40ページ

許 ごんべん

許（つき出さない・あける・下を長く）

読み方
キョ
ゆるす

使い方
許可《きょか》・特許《とっきょ》
相手を許《ゆる》す

11画

40ページ

可 くち

可（つき出す・はねる）

読み方
カ

使い方
許可《きょか》・可決《かけつ》・不可《ふか》

5画

41ページ

複 ころもへん

複（あける・わすれない・はらう・とめる）

読み方
フク

使い方
複数《ふくすう》・複雑《ふくざつ》・複合語《ふくごうご》

14画

漢字のでき方。
複
复…「重ねる」ことを表す。
衤…「着物」を表す。
着物を重ねて着ることから、「重ねる・二つ以上」という意味を表すよ。

でき方

ものしりメモ
「技」は、「扌」(手)と「支」(仕事)からできた漢字で、「わざ」「うでまえ」という意味を表すよ。形のにている漢字に「木のえだ」という意味の「枝《えだ》」があるので注意しよう。

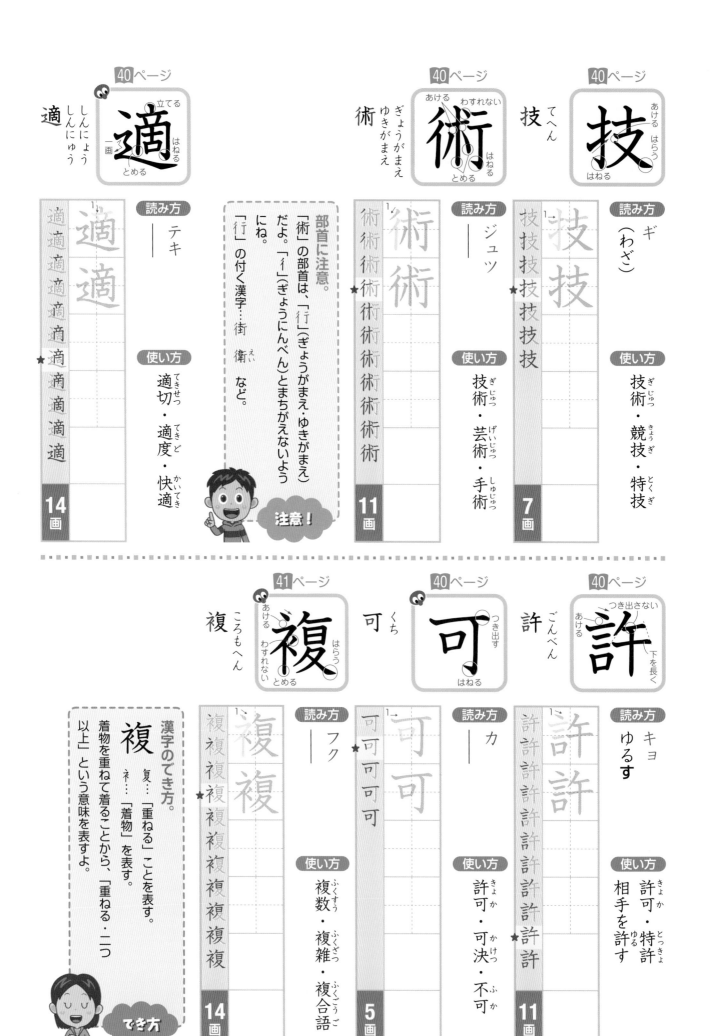

練習のワーク

かんがえるのって　おもしろい
銀色の裏地《うら》／図書館を使いこなそう

教科書 20～41ページ
答え 1ページ

勉強した日　月　日

1 新しい漢字を読みましょう。

① 20ページ 未来のことを 想像（　　）する。
② 自分の 経験（　　）と重ねる。
③ 25ページ 人物の 心情（　　）。
④ 印象（　　）に残る。
⑤ 絶対（　　）にあきらめない。
⑥ 厚（　　）い雲でおおわれる。
⑦ コンクールで 賞（　　）を取る。

⑧ 賞状（　　）を受け取る。
⑨ すなおに 喜（　　）ぶ。
⑩ 関係を 理解（　　）する。
⑪ 39ページ 本を 内容（　　）によって分ける。
⑫ 技術（　　）の本。
⑬ 適切（　　）に引用する。
⑭ 許可（　　）を取る。

⑮ 複数（　　）のたなをさがす。
ここからはってん
✿⑯ 時代を 経（　　）る。
✿⑰ 情（　　）け深い人。
✿⑱ 象（　　）の親子を見る。
✿⑲ 連らくが 絶（　　）える。
✿⑳ 喜劇《げき》（　　）を楽しむ。
✿㉑ 問題を 解（　　）く。

✿の漢字は新出漢字の別の読み方です。

＊㉒ 失敗を〔許す。〕

2 新しい漢字を書きましょう。〔　〕は、送り仮名《がな》も書きましょう。

① 20ページ 様子を□□《そうぞう》する。

② □□《けいけん》を生かす。

③ 25ページ □□《しんじょう》を読み取る。

④ 強い□□《いんしょう》を受ける。

⑤ □□《ぜったい》に成功する。

⑥ 〔　　〕《あつい》本を読む。

⑦ 特別な□《しょう》をもらう。

⑧ □□《しょうじょう》をかざる。

⑨ チームの勝利を〔　　〕《よろこぶ》。

⑩ 答えを□□《りかい》する。

⑪ 39ページ 話の□□《ないよう》が分かる。

⑫ □□《ぎじゅつ》を身につける。

⑬ 言葉を□□《てきせつ》に使う。

⑭ □□《きょか》を求める。

⑮ □□《ふくすう》の例を挙げる。

ここから はってん

＊⑯ 月日を□《へ》る。

＊⑰ 人の□《なさ》けを感じる。

＊⑱ 消息が□《た》える。

＊⑲ □《き》劇《げき》と悲劇。

＊⑳ なぞを□《と》く。

＊㉑ まちがいを□《ゆる》す。

3 漢字で書きましょう。（〜〜は、送り仮名も書きましょう。太字は、この回で習った漢字を使った言葉です。）

① おとうとの**しんじょう**を**そうぞう**する。

② おおくの**けいけん**をつむ。

③ ふくそうで**いんしょう**がかわる。

④ やくそくは**ぜったい**にまもる。

⑤ **あつい**かみをおる。

⑥ いっとうの**しょうじょう**。

⑦ にゅうせんを**よろこぶ**。

⑧ あいてのかんがえを**りかい**する。

⑨ さくひんの**ないよう**をしらべる。

⑩ **ぎじゅつ**がしんぽする。

⑪ **てきせつ**なおんどにちょうせつする。

⑫ **きょか**がひつようになる。

⑬ **ふくすう**のほんをさんこうにする。

基本のワーク

漢字の成り立ち

教科書 42〜43ページ

勉強した日 月 日

漢字の成り立ち

◆「読み方」の赤い字は教科書で使われている読みです。はまちがえやすい漢字です。

43ページ

構 きへん

構（つき出す・とめる・はねる）

14画

読み方
コウ
かまえる・かまう

使い方
構図《こうず》・構成《こうせい》・構想《こうそう》
家を構《かま》える

漢字の意味。
「構」には、いろいろな意味があるよ。
①かまえる。組み立てる。 例 構成・構築《ちく》・機構
②かこい。 例 構外・構内

43ページ

桜 きへん

桜（少し出す・とめる・とめる）

10画

読み方
（オウ）
さくら

使い方
桜《さくら》がさく・桜《さくら》の花

43ページ

銅 かねへん

銅（とめる・はねる・とめる）

14画

読み方
ドウ
—

使い方
銅《どう》メダル・銅貨《どうか》
銅線《どうせん》・銅像《どうぞう》

43ページ

破 いしへん

破（小さく・はねる・はらう・あける）

10画

読み方
ハ
やぶる・やぶれる

使い方
大破《たいは》・読破《どくは》
絵画が破《やぶ》れる

同じ読み方の漢字。
破《やぶ》れる…紙や布《ぬの》などがさける。 例 洋服が破れる。
敗《やぶ》れる…試合などの勝負に負ける。 例 決勝戦で敗れる。

43ページ

修　にんべん

修（わすれない／はらう／一番長く）

読み方
シュウ・（シュ）
おさ**める**・おさ**まる**

使い方
修復《しゅうふく》・修理《しゅうり》
学問を修《おさ》める

10画

漢字の形に注意。
修　たてぼうをわすれないように。

注意！

43ページ

復　ぎょうにんべん

復（はらう）

読み方
フク

使い方
修復《しゅうふく》・復習《ふくしゅう》・回復《かいふく》

12画

同じ読み方で形のにている漢字。
復（フク）　元にもどる。くり返す。
例　復活・復習
複（フク）　重ねる。二つ以上ある。
例　複合・複数

注意！

43ページ

眼　めへん

眼（点をつけない／はらう）

読み方
ガン・（ゲン）
（まなこ）

使い方
眼科《がんか》・肉眼《にくがん》・着眼点《ちゃくがんてん》

11画

43ページ

停　にんべん

停（立てる／はねる）

読み方
テイ

使い方
停車《ていしゃ》・停戦《ていせん》・停留所《ていりゅうじょ》

11画

43ページ

祖　しめすへん

祖（あける／とめる／つき出す）

読み方
ソ

使い方
祖父母《そふぼ》・祖国《そこく》・祖先《そせん》

9画

部首に注意。
祖　部首は「礻」（しめすへん）。
「禾」（のぎへん）、「衤」（ころもへん）
とまちがえないようにしよう。

注意！

ものしりメモ
「おさ(める)」と読む漢字には、「治める」もあるよ。「修める」は「行いを正しくする・学問やわざを身につける」、「治める」は「国などをおだやかにする」という意味だよ。

43ページ

準　さんずい

準（つき出す・長く）

読み方
ジュン
―

使い方
準備《じゅんび》・準決勝《じゅんけっしょう》

13画

43ページ

備　にんべん

備（つき出さない・はねる・とめる）

読み方
ビ
そなえる・そなわる

使い方
準備《じゅんび》・整備《せいび》・予備《よび》
実力が備《そな》わる

12画

43ページ

貿　かい

貿（つき出さない・はねる・とめる）

読み方
ボウ
―

使い方
貿易《ぼうえき》

12画

漢字のでき方。
貿
卯…「交かんする」ことを表す。
貝…「お金」を表す。
「品物とお金を交かんし、売り買いする」という意味を表すよ。

43ページ

易　ひ

易（はねる）

読み方
エキ・イ
やさしい

使い方
貿易《ぼうえき》・安易《あんい》・容易《ようい》
易《やさ》しい解説

8画

43ページ

際　こざとへん

際（メタ・あける・はねる・下を長く・はねる）

読み方
サイ
（きわ）

使い方
国際《こくさい》・交際《こうさい》・実際《じっさい》

14画

43ページ

潔　さんずい

潔（つき出さない・つき出す・はねる・とめる）

読み方
ケツ
（いさぎよい）

使い方
清潔《せいけつ》・潔白《けっぱく》・簡潔《かんけつ》

15画

読み方が新しい漢字

ページ	漢字	読み方	使い方
43	分	ブ	八分《はちぶ》
43	丸	ガン	一丸《いちがん》
43	外	ほか	思いの外《ほか》
43	直	ただちに	直《ただ》ちに
43	父	フ	祖父母《そふぼ》
43	母	ボ	祖父母《そふぼ》
43	赤	セキ	赤飯《せきはん》
43	犬	ケン	愛犬《あいけん》

ものしりメモ
「易しい」は、「分かりやすい・たやすい」という意味だよ。「思いやりがある」という意味での「やさしい」ではないので、使い方に気をつけよう。

練習のワーク

漢字の成り立ち

教科書 42〜43ページ

答え 1ページ

勉強した日　月　日

1 新しい漢字を読みましょう。

① 42ページ 表紙の構図を考える。

② 桜の花がさく。

③ 八分ざきの桜。

④ チーム一丸となる。

⑤ 銅メダルを勝ち取る。

⑥ 絵が破れる。

⑦ 絵画の修復が行われる。

⑧ 思いの外早く終わる。

⑨ 眼科に行く。

⑩ いったん停車する。

⑪ 車を直ちに動かす。

⑫ 祖父母の家に行く。

⑬ 赤飯を食べる。

⑭ 食事を準備する。

⑮ 貿易に関する仕事。

⑯ 国際会議が開かれる。

⑰ 愛犬の写真をとる。

⑱ 部屋を清潔にたもつ。

ここからはってん

✿⑲ 店を構える。

✿⑳ 文学全集を読破する。

✿㉑ 語学を修める。

✿の漢字は新出漢字の別の読み方です。

✿22 カが〔備わる。〕

✿23 〔安易〕に考える。

✿24 〔易しい〕計算。

2 新しい漢字を書きましょう。〔　〕は、送り仮名《がな》も書きましょう。

1 42ページ すぐれた□□《こうず》の絵画。

2 □《さくら》の花びらがまう。

3 □□《はちぶ》ざきまであと少しだ。

4 クラスが□□《いちがん》となる。

5 金・銀・□《どう》のメダルがそろう。

6 くつ下が〔　〕《やぶれる》。

7 建物を□□《しゅうふく》する。

8 思いの□《ほか》よくできた。

9 □□《がんか》で目薬をもらう。

10 バスが□□《ていしゃ》する。

11 〔　〕《ただちに》にげる。

12 □□□《そふぼ》と遊ぶ。

13 もち米で□□《せきはん》を作る。

14 旅行の□□《じゅんび》をする。

15 外国と□□《ぼうえき》をする。

16 □□《こくさい》平和を願う。

17 □□《あいけん》の世話をする。

18 手を□□《せいけつ》にする。

ここからはってん

✿19 山の上に城を□《かま》える。

✿20 学業を□《おさ》める。

✿21 気品が□《そな》わる。

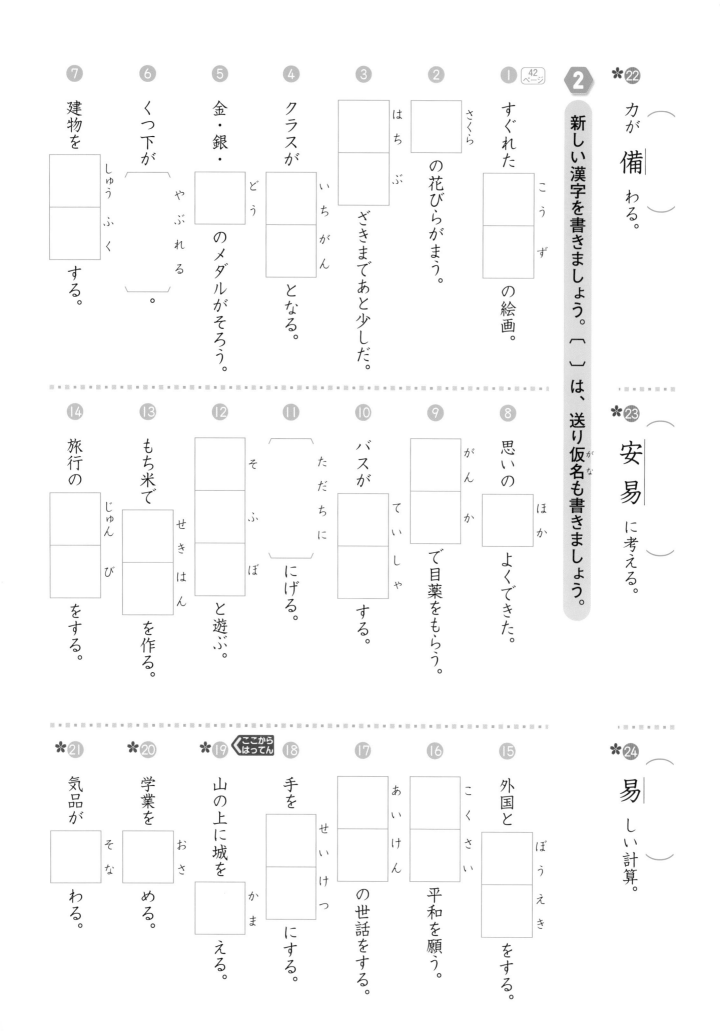

3 漢字で書きましょう。（〜〜は、送り仮名も書きましょう。太字は、この回で習った漢字を使った言葉です。）

① しゃしんの**こうず**をきめる。

② **さくら**が**はちぶ**ざきになるまでまつ。

③ チーム**いちがん**となってたたかう。

④ **どう**メダルとしょうじょうをもらう。

⑤ つつみがみが**やぶれる**。

⑥ じんじゃを**しゅうふく**する。

⑦ **がんか**のいしゃのしんさつをうける。

⑧ かくえき**ていしゃ**のでんしゃにのる。

⑨ **ただちに** **ぼうえき**をきょかする。

⑩ **そふぼ**に**せきはん**をとどける。

⑪ **こくさい**かいぎの**じゅんび**をする。

⑫ **あいけん**とさんぽする。

⑬ **せいけつ**ないふくをよういする。

話の意図を考えてきき合い、「きくこと」について考えよう

基本のワーク

きいて、きいて、きいてみよう

教科書 46～50ページ

勉強した日　月　日

◆「読み方」の赤い字は教科書で使われている読みです。はまちがえやすい漢字です。

きいて、きいて、きいてみよう

46ページ

質　かい

とめる　とめる

読み方　シツ　(シチ)　(チ)　―

使い方　質問《しつもん》・品質《ひんしつ》

15画

47ページ

報　つち

はねる　下を長く　はらう　とめる

読み方　ホウ　(むくいる)

使い方　報告《ほうこく》・情報《じょうほう》・予報《よほう》

12画

47ページ

告　くち

下を長く

読み方　コク　つげる

使い方　報告《ほうこく》・広告《こうこく》・予告《よこく》　時を告《つ》げる

7画

48ページ

属　しかばね　かばね

はらう　はねる

読み方　ゾク　―

使い方　所属《しょぞく》・金属《きんぞく》

12画

48ページ

確　いしへん

小さく　つき出す　はねる

読み方　カク　たしか・たしかめる

使い方　確実《かくじつ》・正確《せいかく》　確《たし》かな話・道を確《たし》かめる

15画

50ページ

識　ごんべん

立てる　一画　あける　はねる

読み方　シキ　―

使い方　意識《いしき》・識別《しきべつ》・知識《ちしき》

19画

筆順 1 2 3 4 5　まちがえやすいところ…★

話の意図を考えてきき合い、「きくこと」について考えよう

練習のワーク　きいて、きいて、きいてみよう

教科書 46～50ページ　答え 2ページ

勉強した日　月　日

1 新しい漢字を読みましょう。

① 46ページ 相手に 質問（　　）する。

② 結果を 報告（　　）する。

③ 野球チームに 所属（　　）する。

④ 聞いたことを 確（　　）かめる。

⑤ ちがいを 意識（　　）する。

✿⑥ ここからはってん 春を 告（　　）げる鳥。

✿⑦ 正確（　　）に伝える。

2 新しい漢字を書きましょう。〔　〕は、送り仮名《がな》も書きましょう。

① 46ページ □□《しつもん》を考える。

② 人数を □□《ほうこく》する。

③ グループに □□《しょぞく》する。

④ 持ち物を〔　　　〕《たしかめる》。

⑤ たがいに □□《いしき》する。

✿⑥ ここからはってん 試合開始を □《つ》げる。

✿⑦ □□《せいかく》な時計。

✿の漢字は新出漢字の別の読み方です。

基本のワーク

見立てる／言葉の意味が分かること／原因と結果
敬語《けいご》

教科書 51～65ページ

勉強した日　月　日

◆「読み方」の赤い字は教科書で使われている読みです。●●はまちがえやすい漢字です。

見立てる／言葉の意味が分かること／原因と結果

51ページ

因　くにがまえ　因

（はらう）

読み方：イン　（よる）

使い方：原因《げんいん》・要因《よういん》

6画

漢字の形に注意。

因　「大」の部分を「木」と書かないようにしよう。

注意！

53ページ

造　しんにょう　しんにゅう　造

（下を長く）（一画）

読み方：ゾウ　つくる

使い方：改造《かいぞう》・構造《こうぞう》・木造《もくぞう》　家を造《つく》る

10画

55ページ

似　にんべん　似

（とめる）

読み方：（ジ）　にる

使い方：顔が似《に》る・似合《にあ》う

7画

「似」を使った慣用句《かんようく》。

他人の空似《そらに》…血がつながっていないのに、顔やすがたがとても似ていること。

似ても似つかない…全く似ていない。

覚えよう！

56ページ

限　こざとへん　限

（点をつけない）（はねる）（はらう）

読み方：ゲン　かぎる

使い方：限界《げんかい》・限定《げんてい》・期限《きげん》　時間を限《かぎ》る

9画

筆順 1 2 3 4 5　まちがえやすいところ…★

留

57ページ

留　た

留（つき出さない・はねる）

読み方
リュウ・ル
とめる・**と**まる

使い方
留学生《りゅうがくせい》・停留所《ていりゅうじょ》・留守番《るすばん》
心に留《と》める

10画

同じ読み方の漢字。
留《と》める…ある場所に落ち着かせる。例 かみの毛をピンで留める。
止《と》める…動きをやめさせる。例 車のエンジンを止める。

注意！

現

57ページ

現　おうへん　たまへん

現（はねる）

読み方
ゲン
あらわ**れる**
あらわ**す**

使い方
表現《ひょうげん》・現実《げんじつ》
男が現《あらわ》れる・正体を現《あらわ》す

11画

同じ読み方の漢字。
現《あらわ》れる…かくれていたものが、目に見えるようになる。例 雲の間から太陽が現れる。
表《あらわ》れる…気持ちや考えが、外から分かるようになる。例 不安が顔に表れる。

注意！

敬語

接

62ページ

接　てへん

接（立てる・少し出す・はねる・とめる）

読み方
セツ
（つぐ）

使い方
直接《ちょくせつ》・接続《せつぞく》

11画

反対の意味の言葉。
直接《ちょくせつ》…間に他のものや人をはさまないこと。じかに接すること。
間接《かんせつ》…間に他のものや人をはさむこと。遠回しに接すること。

覚えよう！

応

64ページ

応　こころ

応（立てる・はらう・はねる）

読み方
オウ
こた**える**

使い方
意図に応《おう》じる・応答《おうとう》
要望に応《こた》える

7画

読み方に注意。
「応」は「オウ」と読むけれど、前にくる漢字によって、「ノウ」と読むことがあるよ。
例 感応《のう》・反応《のう》

注意！

ものしりメモ　「造る」は建物や船など、大きいものをつくるとき、「作る」は小さいものや形のないものをつくるときに使うよ。使い方に気をつけよう。

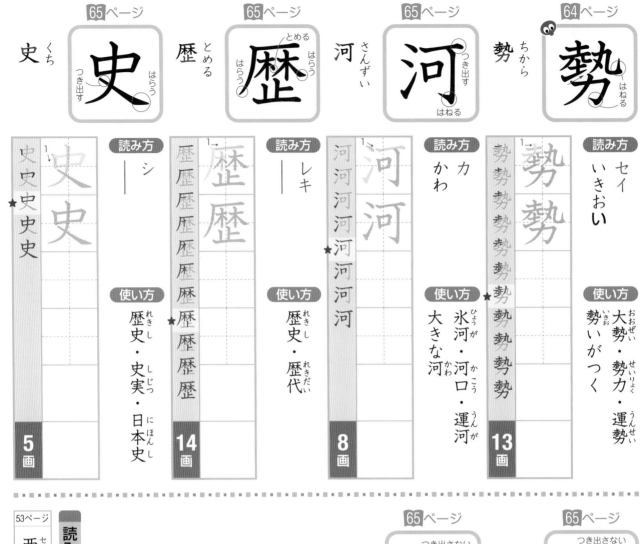

64ページ

勢 ちから

勢（はねる）

読み方

セイ
いきおい

使い方

大勢《おおぜい》・勢力《せいりょく》・運勢《うんせい》
勢《いきお》いがつく

13画

65ページ

河 さんずい

河（つき出す・はねる）

読み方

カ
かわ

使い方

氷河《ひょうが》・河口《かこう》・運河《うんが》
大きな河《かわ》

8画

65ページ

歴 とめる

歴（とめる・はらう・はらう）

読み方

レキ
—

使い方

歴史《れきし》・歴代《れきだい》

14画

65ページ

史 くち

史（つき出す・はらう）

読み方

シ
—

使い方

歴史《れきし》・史実《しじつ》・日本史《にほんし》

5画

65ページ

幹 かん いちじゅう

幹（つき出さない・下を長く）

読み方

カン
みき

使い方

新幹線《しんかんせん》・幹事《かんじ》・幹部《かんぶ》
木の幹《みき》

13画

65ページ

招 てへん

招（つき出さない・はねる・はねる）

読み方

ショウ
まねく

使い方

招集《しょうしゅう》・招待《しょうたい》
客を招《まね》く

8画

漢字のでき方。

招 召…「口でよびよせる」ことを表す。
扌…「手」を表す。
「手まねきして、人をよびよせる」という意味を表すよ。

読み方が新しい漢字

53ページ	
西	セイ
西部《せいぶ》	
53	
太	タ
丸太《まるた》	

ものしりメモ

「歴」は、屋内にいねをならべた形を表す「厤」と、足の形を表す「止」からできた漢字で、いねの間を順序《じゅんじょ》よく次々と通ることから、「すぎる・次々と・明らかに」などの意味を表すよ。

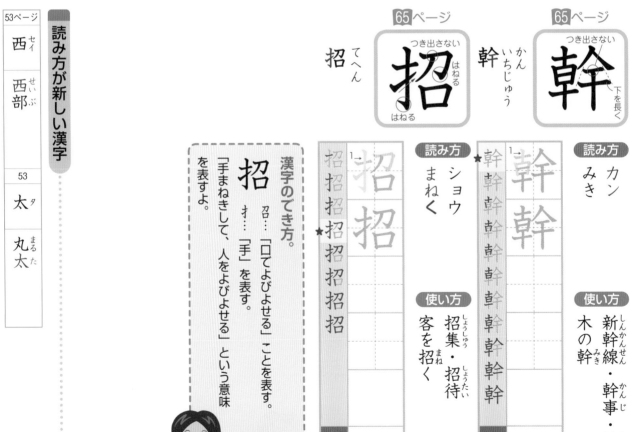

文章の要旨《し》をとらえ、考えたことを伝え合おう

練習のワーク

見立てる／言葉の意味が分かること／原因と結果
敬《けい》語

教科書 51〜65ページ
答え 2ページ

勉強した日　月　日

1 新しい漢字を読みましょう。

① （51ページ） 原因（　）を考える。

② アラスカの西部（　）。

③ 丸太（　）を組む。

④ 木で家を造（　）る。

⑤ 形が似（　）ている。

⑥ 例が限（　）られる。

⑦ アメリカ人の留学生（　）。

⑧ 言葉で表現（　）する。

⑨ 考えを直接（　）書く。

⑩ （64ページ） 状況《きょう》に応（　）じる。

⑪ 大勢（　）の人に話す。

⑫ 氷河（　）をさつえいする。

⑬ 学校の歴史（　）。

⑭ 新幹線（　）に乗る。

⑮ 人を招（　）く。

✿⑯ ここからはってん 木造（　）の家。

✿⑰ 期限（　）までに集める。

✿⑱ 妹に留守番（　）をたのむ。

✿⑲ ボタンを留（　）める。

✿⑳ すがたを現（　）す。

✿㉑ 要求に応（　）える。

✿の漢字は新出漢字の別の読み方です。

✲22 風の〔勢〕いが強まる。

✲23 大きな〔河〕が流れる。

✲24 木の〔幹〕をゆらす。

✲25 家に〔招待〕する。

2 新しい漢字を書きましょう。〔 〕は、送り仮名《がな》も書きましょう。

1 51ページ □□《げんいん》をつきとめる。

2 アメリカの□□《せいぶ》に住む。

3 □□《まるた》が転がる。

4 ビルを〔　〕《つくる》。

5 兄弟で好みが〔　〕《にる》。

6 五分と時間を〔　〕《かぎる》。

7 外国からの□□□□《りゅうがくせい》。

8 自由に□□《ひょうげん》する。

9 本人に□□《ちょくせつ》わたす。

10 64ページ 必ように□《おう》じる。

11 観客が□□《おおぜい》いる。

12 □□《ひょうが》ができる。

13 □□《れきし》の本を読む。

14 □□□《しんかんせん》が通る。

15 近所の人を家に〔　〕《まねく》。

ここからはってん

✲16 □□《もくぞう》二階建て。

✲17 □□《きげん》を守る。

✲18 詩を心に□《と》める。

✿⑲ 正体を□《あらわ》す。

✿⑳ きたいに□《こた》える。

✿㉑ 水が□《いきお》いよく流れる。

✿㉒ 木の□《みき》にもたれかかる。

✿㉓ パーティーに□□《しょうたい》される。

3 漢字で書きましょう。（～～は、送り仮名も書きましょう。太字は、この回で習った漢字を使った言葉です。）

① もんだいの**げんいん**を**きゅうめい**する。

② インド**せいぶ**からの**りゅうがくせい**。

③ ちちおやにかおが**にる**。

④ にゅうじょうにんずうを**かぎる**。

⑤ きもちを**ちょくせつ** **ひょうげん**する。

⑥ あいてのようきゅうに**おう**じる。

⑦ **おおぜい**のひとを**まねく**。

⑧ **ひょうが**のしゃしんをみる。

⑨ **しんかんせん**の**れきし**をしらべる。

表現を工夫して、俳句《はい》を作ろう

基本のワーク

日常を十七音で／漢字の広場①／古典の世界（一）／目的に応じて引用するとき

教科書 66〜77ページ

勉強した日　月　日

◆「読み方」の赤い字は教科書で使われている読みです。

日常を十七音で

66ページ

句　くち

句（はねる）

★句句句句句

5画

読み方
ク
—

使い方
俳句《はいく》・句点《くてん》

漢字の意味。
「句」の「勹」は「くぎりをしめすかぎの形」を表すよ。「口」（くち）と組み合わせて、「言葉や文章・詩のひとくぎり」という意味を表すんだ。
例 語句・文句・句読点

66ページ

常　はば

常（はねる・とめる）

★常常常常常常常常常常常

11画

読み方
ジョウ
つね・（とこ）

使い方
日常《にちじょう》・常温《じょうおん》・非常口《ひじょうぐち》
常《つね》に持ち歩く

68ページ

序　まだれ

序（立てる・はらう・はねる）

★序序序序序序序

7画

読み方
ジョ
—

使い方
順序《じゅんじょ》・序文《じょぶん》

漢字の意味。
「序」は、「順番・初め」などの意味を表すよ。
例 順序…一定の規則《きそく》にそってならんだ順番。
例 序文…書物などの初めに付ける文章。

古典の世界（一）

73ページ

武　とめる

武（わすれない・長く・はねる）

★武武武武武武武武

8画

読み方
ブ・ム
—

使い方
武士《ぶし》・武器《ぶき》・武道《ぶどう》
武者《むしゃ》ぶるい

筆順 1 2 3 4 5　まちがえやすいところ…★

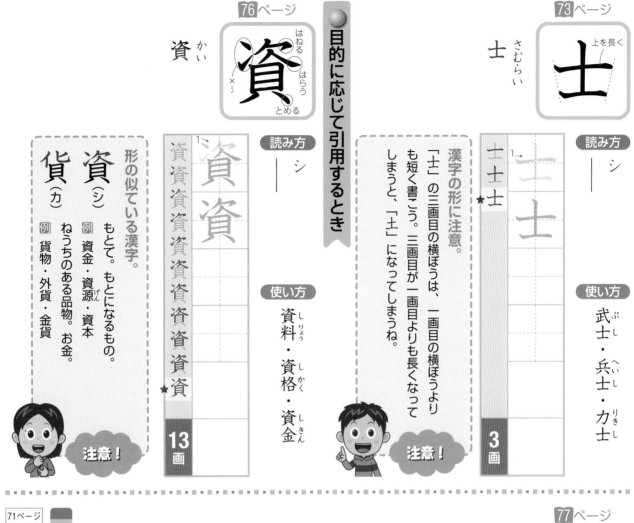

目的に応じて引用するとき

73ページ

士 さむらい

士
上を長く

読み方
シ
—

使い方
武士《ぶし》・兵士《へいし》・力士《りきし》

士士★士

3画

漢字の形に注意。
「士」の三画目の横ぼうは、一画目の横ぼうよりも短く書こう。三画目が一画目よりも長くなってしまうと、「土」になってしまうね。

注意！

76ページ

資 かい

資
はねる
はらう
とめる

読み方
シ
—

使い方
資料《しりょう》・資格《しかく》・資金《しきん》

資資資資資資資資資資資資★資

13画

形の似ている漢字。

資(シ) もとで。もとになるもの。
例 資金・資源《げん》・資本

貨(カ) ねうちのある品物。お金。
例 貨物・外貨・金貨

注意！

77ページ

査 き

査
とめる
はらう
長く

読み方
サ
—

使い方
調査《ちょうさ》・検査《けんさ》

★査査査査査査査査査

9画

漢字の形に注意。
査 「且」の部分を「旦」と書かないようにしよう。

注意！

読み方が新しい漢字

71ページ

古 コ

古典《こてん》

ものしりメモ
「資」には、「生まれつき持っているもの・よりどころとなる地位や身分」という意味もあるよ。(例)資質・資格《かく》

練習のワーク

日常を十七音で／漢字の広場①／古典の世界（一）／目的に応じて引用するとき

教科書 66～77ページ
答え 2ページ

勉強した日　月　日

1 新しい漢字を読みましょう。

1 66ページ 俳《はい》句（　　）を作る。

2 日常（　　）の出来事。

3 言葉の順序（　　）を考える。

4 71ページ 古典（　　）の名作にふれる。

5 武士（　　）の一族。

6 76ページ 資料（　　）を集める。

7 調査（　　）を行う。

✿8 ここからはってん 常（　　）に変わらない。

✿9 武者（　　）人形をかざる。

2 新しい漢字を書きましょう。

1 66ページ 感動を俳《はい》□《く》にする。

2 □□《にちじょう》の生活。

3 □□《じゅんじょ》よく話す。

4 71ページ □□《こてん》を読む。

5 □□《ぶし》の物語。

6 76ページ 会議の□□《しりょう》を作成する。

7 水質を□□《ちょうさ》する。

✿8 ここからはってん □《つね》日ごろの心がけ。

✿9 わかい□□《むしゃ》。

✿の漢字は新出漢字の別の読み方です。

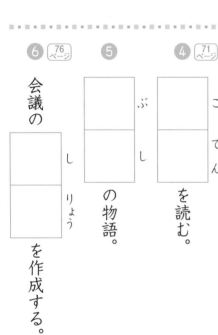

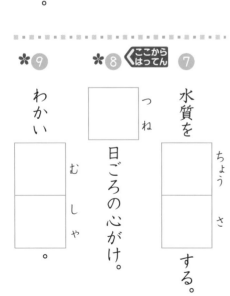

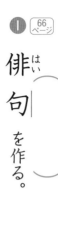

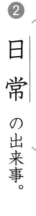

3 漢字の広場

四年生で習った漢字を書きましょう。〔　〕は、送り仮名《がな》も書きましょう。

① □□《さいしん》のニュース。

② □□《きせつ》のあいさつ。

③ □□□《あんないず》を見る。

④ □□《べんり》な道具。

⑤ □□《こうきょう》の場所。

⑥ 本を□□《ぶんるい》する。

⑦ □□□□《ひゃっかじてん》。

⑧ 本の□□《はいち》を決める。

⑨ □□《せんそう》に関する本。

⑩ □□《でんき》を読む。

⑪ □□□《さんこうしょ》をさがす。

⑫ □□《えいご》の勉強をする。

⑬ □□《じしょ》で調べる。

⑭ □□《ようぼう》を聞く。

⑮ 図書館の□□《ししょ》になる。

⑯ 本を三さつ〔　　〕《かりる》。

⑰ 五さつ□□《いない》にしぼる。

⑱ 番号で□□《くべつ》する。

⑲ □□□《じどうしょ》のたな。

⑳ 使い方の□□《せつめい》。

㉑ □□《じゅんばん》にならぶ。

㉒ 〔　　〕《しずか》に本を読む。

㉓ 決められた□《せき》にすわる。

㉔ 好ききらいを□□《きょくりょく》なくす。

基本のワーク

みんなが使いやすいデザイン

教科書 78〜83ページ

勉強した日　月　日

みんなが使いやすいデザイン

78ページ

性　りっしんべん

（一番長く）

読み方
セイ・（ショウ）

使い方
性別《せいべつ》・性格《せいかく》・知性《ちせい》

8画

漢字の意味。
「性」には、いろいろな意味があるよ。
①生まれつきの心のはたらき。　例 性格《かく》・天性
②物事の本質。　例 性能《のう》・特性
③男女の区別。　例 女性《じょ》・男性《だん》

漢字の意味

79ページ

非　あらず

（はらう・とめる）

読み方
ヒ

使い方
非常口《ひじょうぐち》・非礼《ひれい》・非公開《ひこうかい》

8画

◆「読み方」の赤い字は教科書で使われている読みです。

打ち消しの意味を表す漢字。
非…例 非公開・非公式・非常識・非売品
不…例 不可能・不公平・不自然・不平等
無…例 無意識・無意味・無記名・無責任《せきにん》
未…例 未解決・未完成・未成年・未発表

覚えよう！

83ページ

総　いとへん

（はらう・とめる・とめる・はねる）

読み方
ソウ

使い方
総合的《そうごうてき》・総数《そうすう》・総動員《そうどういん》

14画

漢字の意味。
「総」には、いろいろな意味があるよ。
①一つにまとめる。　例 総計・総決算
②全体の。すべての。　例 総意・総会
③全体をとりしまる。　例 総務《む》・総理

漢字の意味

練習のワーク

みんなが使いやすいデザイン

教科書 78～83ページ

答え 2ページ

勉強した日　月　日

1 新しい漢字を読みましょう。

① 78ページ （　）性別を問わない。

② （　）非常口のマーク。

③ （　）総合的な学習。

2 新しい漢字を書きましょう。

① 78ページ □□《せいべつ》を記入する。

② □□□《ひじょうぐち》から外に出る。

③ □□□《そうごうてき》に考える。

3 漢字で書きましょう。（～～は、送り仮名《がな》も書きましょう。太字は、この回で習った漢字を使った言葉です。）

① **せいべつ**にかんけいなくさんかできる。

② **ひじょうぐち**にちかい せきをえらぶ。

③ ビルを**そうごうてき**にかんりする。

基本のワーク

同じ読み方の漢字

教科書 84～85ページ

勉強した日　月　日

◆「読み方」の赤い字は教科書で使われている読みです。●●はまちがえやすい漢字です。

同じ読み方の漢字

84ページ

測　さんずい

とめる　はねる

読み方　ソク　はかる

使い方　測定《そくてい》・観測《かんそく》・計測《けいそく》　身長を測《はか》る

12画

84ページ

舎　くち

はらう　下を長く

読み方　シャ　―

使い方　校舎《こうしゃ》・宿舎《しゅくしゃ》

8画

漢字の意味。
「舎」は、「やど・いえ」などの意味を表すよ。
例　官舎…公務《む》員用の住たく。
例　牛舎…家ちくの牛をかう場所。

漢字の意味

84ページ

往　ぎょうにんべん

一番長く

読み方　オウ　―

使い方　往復《おうふく》・往路《おうろ》

8画

漢字の意味。
「往」は、「行く・時間がすぎ去る」という意味を表すよ。
例　往復…行きと帰り。
例　往年…すぎ去った年。昔。

漢字の意味

85ページ

演　さんずい

立てる　はねる　つける　とめる

読み方　エン　―

使い方　公演《こうえん》・出演《しゅつえん》

14画

筆順　1　2　3　4　5　まちがえやすいところ…★

85ページ

刊　りっとう

刊

つき出さない　下を長く　とめる　はねる

5画

読み方

カン

―

使い方

週刊誌《しゅうかんし》・新刊《しんかん》・朝刊《ちょうかん》

漢字のでき方。

刊

刂…「刀」を表す。

干…「けずる」ことを表す。

昔は木や竹に刀で字をきざんだものを使って印刷したことから、「出版《ばん》する」という意味を表すよ。

でき方

85ページ

肥　にくづき

肥

はねる　はねる

8画

読み方

ヒ

こえる・こえ

こやす・こやし

使い方

肥料《ひりょう》

目が肥《こ》える・土を肥《こ》やす

85ページ

製　ころも

製

つき出す　はねる　はらう

14画

読み方

セイ

―

使い方

製糸《せいし》・製造《せいぞう》・製品《せいひん》

85ページ

謝　ごんべん

謝

つき出す　あける　はねる

17画

読み方

シャ

(あやまる)

使い方

謝罪《しゃざい》・謝礼《しゃれい》

85ページ

罪　あみがしら　よこめ

罪

はらう　とめる

13画

読み方

ザイ

つみ

使い方

謝罪《しゃざい》・無罪《むざい》

罪《つみ》をみとめる

漢字のでき方。

罪

罒…「あみ」を表す。

非…「悪いこと」を表す。

悪いことをした人を法のあみにかけることから、「つみ」を表すよ。

でき方

85ページ

暴　ひ

暴

はねる　×水

15画

読み方

ボウ・(バク)

(あばく)・あばれる

使い方

暴風《ぼうふう》・暴力《ぼうりょく》

牛が暴《あば》れる

ものしりメモ　「測る」は長さや広さなどをはかるとき、「量る」は重さなどをはかるとき、「計《はか》る」は時間や数などをはかるときに使うよ。使い方に気をつけよう。

85ページ

防 こざとへん

防（立てる／はねる）

読み方

ボウ
ふせぐ

使い方

防風林《ぼうふうりん》・防音《ぼうおん》・防止《ぼうし》
失敗を防《ふせ》ぐ

7画

85ページ

鉱 かねへん

鉱（とめる／立てる／とめる／はらう）

読み方

コウ
―

使い方

鉱石《こうせき》・鉱山《こうざん》・鉄鉱《てっこう》

13画

85ページ

績 いとへん

績（はらう／一番長く／とめる）

読み方

セキ
―

使い方

功績《こうせき》・実績《じっせき》・成績《せいせき》

17画

同じ読み方で形の似ている漢字。

績（セキ） 糸をつむぐ。なしとげる。
例 ぼう績・業績・実績

積（セキ） つむ。つもる。広さ。大きさ。
例 積雪・面積・体積

注意！

85ページ

志 こころ

志（上を長く／はねる）

読み方

シ
こころざす
こころざし

使い方

意志《いし》・志望校《しぼうこう》
画家を志《こころざ》す・志《こころざし》を果たす

7画

85ページ

航 ふねへん

航（立てる／はねる／はらう）

読み方

コウ
―

使い方

航海《こうかい》・航路《こうろ》・出航《しゅっこう》

10画

漢字のでき方。

航 亢…「まっすぐ」という意味を表す。
舟…「ふね」を表す。
「船がまっすぐに進む」という意味を表すよ。

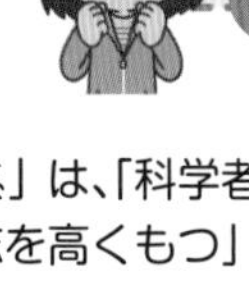

でき方

読み方が新しい漢字

84ページ	85	85	85
計《はかる》	糸《シ》	牛《ギュウ》	男《ダン》
計《はか》る	製糸《せいし》	牛肉《ぎゅうにく》	男性《だんせい》

ものしりメモ

「志」は、「科学者を志す」のように、「こころざ(す)」と読むときには送り仮名《がな》が付くけれど、「志を高くもつ」などのように、「こころざし」と読むときには送り仮名が付かないよ。

練習のワーク

同じ読み方の漢字

教科書 84〜85ページ
答え 2ページ
勉強した日 月 日

1 新しい漢字を読みましょう。

① 84ページ きょりを測る。
② 時間を計る。
③ 校舎を建てかえる。
④ 家と学校とを往復する。
⑤ げきの公演を見る。
⑥ 週刊誌《し》が発売される。
⑦ 肥料をあたえる。
⑧ 製糸工場を見学する。
⑨ 牛肉を買う。
⑩ あやまちを謝罪する。
⑪ 暴風に備える。
⑫ 防風林で家をかこむ。
⑬ 鉱石を発見する。
⑭ 学者の功績をたたえる。
⑮ 志を果たす。
⑯ 男性と女《じょ》性。
⑰ ヨットで航海する。
✿⑱ ここからはってん 道はばを計測する。
✿⑲ 絵を見る目が肥える。
✿⑳ 罪をつぐなう。
✿㉑ 子犬が暴れる。

✿の漢字は新出漢字の別の読み方です。

＊22 病気を〔防〕ぐ。

＊23 〔志望校〕を決める。

2 新しい漢字を書きましょう。〔　〕は、送り仮名《がな》も書きましょう。

① 84ページ 面積を〔　　〕《はかる》。

② 水泳のタイムを〔　　〕《はかる》。

③ 新しい□□《こうしゃ》で学ぶ。

④ □□《おうふく》はがきを出す。

⑤ 歌の□□《こうえん》を行う。

⑥ □□《しゅうかん》誌《し》を読む。

⑦ 花に□□《ひりょう》をやる。

⑧ □□《せいし》工場でつかうまゆ。

⑨ □□《ぎゅうにく》を食べる。

⑩ □□《しゃざい》に応じる。

⑪ □□《ぼうふう》がふきあれる。

⑫ □□□《ぼうふうりん》をつくる。

⑬ □□《こうせき》のとれる山。

⑭ りっぱな□□《こうせき》をのこす。

⑮ 大きな□《こころざし》をもつ。

⑯ □□《だんせい》の店員。

⑰ 太平洋を□□《こうかい》する。

＊⑱ ここからはってん 建物の高さを□□《けいそく》する。

＊⑲ 畑の土が□《こ》える。

＊⑳ □《つみ》をあやまる。

＊㉑ □《あば》れる馬をなだめる。

✿22 失敗を□《ふせ》ぐ。

✿23 □□□《しぼうこう》に受かる。

3 漢字で書きましょう。（〰は、送り仮名も書きましょう。太字は、この回で習った漢字をつかった言葉です。）

① たいいくかんでしんちょうを**はかる**。

② ときょうそうでタイムを**はかる**。

③ ふるいもくぞうの**こうしゃ**。

④ えきまでじてんしゃで**おうふく**する。

⑤ おんがくかいの**こうえん**じょうほう。

⑥ やさいの**ひりょう**をかいりょうする。

⑦ かがいしゃに**しゃざい**をもとめる。

⑧ おおあめや**ぼうふう**にそなえる。

⑨ まつのきを**ぼうふうりん**につかう。

⑩ **こうせき**からきんぞくをとる。

⑪ いがくのぶんやで**こうせき**をのこす。

⑫ せかいいっしゅうの**こうかい**にでる。

基本のワーク

作家で広げるわたしたちの読書
モモ

教科書 88～99ページ

勉強した日　月　日

◆「読み方」の赤い字は教科書で使われている読みです。●はまちがえやすい漢字です。

90ページ　夢

夢（夕 ゆうべ）

はねる　×四

読み方：ム　ゆめ

使い方：夢中《むちゅう》・悪夢《あくむ》　夢《ゆめ》がかなう

13画

91ページ　編

編（いとへん）

はらう　とめる　はねる

読み方：ヘン　あむ

使い方：短編集《たんぺんしゅう》・編集《へんしゅう》・編入《へんにゅう》　セーターを編《あ》む

15画

漢字のでき方。

編　扁…「木や竹の札」を表す。糸…「糸でとじる」ことを表す。

昔の書物は、木や竹の札に字を書いたものを糸でつなぎ合わせて作られていたよ。

92ページ　険

険（こざとへん）

つき出さない　はねる　はらう

読み方：ケン　けわしい

使い方：危険《きけん》・険悪《けんあく》・保険《ほけん》　険《けわ》しい山道

11画

94ページ　断

断（きん おのづくり）

とめる　とめる　はらう

読み方：ダン　（たつ）・ことわる

使い方：断言《だんげん》・断面《だんめん》・判断《はんだん》　申し出を断《ことわ》る

11画

漢字の意味。

「断」には、いろいろな意味があるよ。

①切りはなす。　例 断面・切断・中断

②きっぱりとする。　例 断言・断定・決断

③ことわる。　例 無断

筆順 1 2 3 4 5　まちがえやすいところ…★

境
94ページ

境 つちへん

境（立てる・下を長く・はねる）

読み方
キョウ・(ケイ)
さかい

使い方
境界線《きょうかいせん》・環境《かんきょう》・心境《しんきょう》
町と町の境《さかい》

14画

態
96ページ

態 こころ

態（はねる・とめる・はねる）

読み方
タイ
―

使い方
事態《じたい》・態度《たいど》

14画

注意！

同じ読み方の言葉。
態勢《たいせい》…ある物事に対する態度や身構えのこと。
例 災《さい》害に備えて態勢を整える。
体勢《たいせい》…何かをするときの体の構えのこと。姿《し》勢。
例 体操《そう》選手が着地で体勢をくずす。

逆
96ページ

逆 しんにょう しんにゅう

逆（はらう・一画）

読み方
ギャク
さか・さか**らう**

使い方
逆方向《ぎゃくほうこう》・逆転《ぎゃくてん》
逆立《さかだ》ち・風に逆《さか》らう

9画

判
96ページ

判 りっとう

判（つき出す・はねる・とめる）

読み方
ハン・バン
―

使い方
判断《はんだん》・判定《はんてい》
裁判《さいばん》・大判《おおばん》・小判《こばん》

7画

でき方

漢字のでき方。
判 刂…「刀」を表す。
半…「分ける」ことを表す。
刀で二つに切り分けることから、「見分ける」という意味を表すよ。

圧
98ページ

圧 つち

圧（はらう・下を長く）

読み方
アツ
―

使い方
圧力《あつりょく》・気圧《きあつ》・水圧《すいあつ》

5画

読み方が新しい漢字

94ページ	
角《かど》	角《かど》を曲がる

97	97
左《サ》	右《ユウ》
左右《さゆう》	

ものしりメモ 「夢」を使った慣《かん》用句を覚えよう。「夢をえがく」は「未来への希望を心の中で思いえがく」、「夢を追う」は「理想を追い求める」、「夢を見る」は「空想にふける」という意味を表すよ。

作家で広げるわたしたちの読書
モモ

教科書 88～99ページ
答え 3ページ

勉強した日　月　日

1 新しい漢字を読みましょう。

① 88ページ 物語に（夢中）になる。

② （短編集）を買う。

③ 92ページ 危《き》（険）を感じる。

④ 自信をもって（断言）する。

⑤ （境界線）を引く。

⑥ 通りの（角）を曲がる。

⑦ 不測の（事態）が起こる。

⑧ （逆方向）に走る。

⑨ 裁《さい》（判）にかける。

⑩ 建物が（左右）に立ちならぶ。

⑪ （圧力）をかける。

✿⑫ ここからはってん マフラーを（編）む。

✿⑬ （険）しい道を進む。

✿⑭ 参加を（断）る。

✿⑮ 命令に（逆）らう。

2 新しい漢字を書きましょう。

① 88ページ □□《むちゅう》で勉強する。

② 作家が□□□《たんぺんしゅう》を出す。

③ 92ページ 危《き》□《けん》がせまる。

✿の漢字は新出漢字の別の読み方です。

4 必ず勝つと□□《だんげん》する。

5 二つの町の□□□《きょうかいせん》。

6 つくえの□《かど》。

7 こまった□□《じたい》になる。

8 □□□《ぎゃくほうこう》から来る。

9 裁《さい》□《ばん》で争う。

10 □□《さゆう》を見る。

11 上から□□《あつりょく》がかかる。

ここからはってん

✿12 竹でかごを□《あ》む。

✿13 □《けわ》しい坂道。

✿14 さそいを□《ことわ》る。

✿15 川の流れに□《さか》らう。

3 漢字で書きましょう。（〰は、送り仮名《がな》も書きましょう。太字は、この回で習った漢字を使った言葉です。）

1 **むちゅう**で**たんぺんしゅう**をよむ。

2 き**けん**がないか**さゆう**をたしかめる。

3 **きょうかいせん**をさだめる。

4 さい**ばん**でむざいになる。

5 さいあくの**じたい**にそなえる。

6 **ぎゃくほうこう**のでんしゃにのる。

夏休み まとめのテスト①

教科書 20〜99ページ

答え 3ページ

時間 20分

とく点　　/100点

勉強した日　　月　日

1 ――線の漢字の読み方を書きましょう。 一つ2（28点）

① 相手の心情（　　）を理解（　　）する。

② 技術（　　）の開発者に賞（　　）がおくられる。

③ 桜（　　）を中心に写真の構図（　　）を決める。

④ 折れた柱を直（　　）ちに修復（　　）する。

⑤ 眼科（　　）の前でタクシーが停車（　　）する。

⑥ 留学生（　　）と直接（　　）話す。

⑦ 大勢（　　）の人がアンケートに応（　　）じる。

2 □は漢字を、（　）は漢字と送り仮名《がな》を書きましょう。 一つ2（28点）

① □□《ぜったい》に行く。

② 本の□□《ないよう》。

③ □□《てきせつ》な言葉。

④ □□《きょか》を出す。

⑤ □□《ふくすう》の生き物。

⑥ 海外との□□《ぼうえき》。

⑦ □□《こくさい》社会。

⑧ □□《せいけつ》な部屋。

⑨ □□《しつもん》をする。

⑩ □□《ほうこく》を受ける。

⑪ □□《いしき》をたもつ。

⑫ 失敗の□□《げんいん》。

⑬ 建物を（　　）《つくる》。

⑭ □□《れきし》を学ぶ。

3 ——線の言葉を、漢字と送り仮名で書きましょう。 一つ2（10点）

① 実験の成功をよろこぶ。
② 事実をたしかめる。
③ 友人のさそいをことわる。
④ 作家をこころざす。
⑤ 参加は小学生にかぎる。

4 次の漢字の二通りの読み方を書きましょう。 一つ1（6点）

① 備
1 出かける準備をする。（　）
2 便利な機能を備える。（　）

② 防
1 二重まどで防音する。（　）
2 まちがいを防ぐ。（　）

③ 招
1 たん生日会に招待する。（　）
2 家に招く。（　）

5 形が似ていて同じ音読みをする漢字を、□に書きましょう。 一つ3（24点）

① セキ
1 面□を調べる。
2 成□が上がる。

② ゾウ
1 人物□をえがく。
2 □の親子。

③ カ
1 法案を□決する。
2 □口近くの流れ。

④ ケイ
1 □験を生かす。
2 円の直□。

6 次の漢字と同じ成り立ちの漢字を、□から選んで□に書きましょう。 一つ1（4点）

① 馬 □
② 鳴 □
③ 上 □
④ 性 □

銅　位
手　末

夏休みまとめのテスト②

教科書 20〜99ページ
答え 4ページ

時間 20分

とく点 /100点
勉強した日 月 日

1 ——線の漢字の読み方を書きましょう。 一つ2(28点)

① 武士のすがたをえがいた古典作品。
② 調査の結果を資料にまとめる。
③ 往復で何分かかるか計る。
④ 暴風で公演が中止になる。
⑤ 世界中を航海する志をいだく。
⑥ 危《き》険を感じて夢中でにげる。
⑦ 曲がり角で左右を確にんする。

2 □に漢字を書きましょう。 一つ2(28点)

① □□《にちじょう》生活。
② □□《せいべつ》で分ける。
③ □□□《そうごうてき》。
④ □□《こうしゃ》のそうじ。
⑤ □□《しゃざい》の言葉。
⑥ □□《こうせき》をほる。
⑦ □□《こうせき》をたたえる。
⑧ □□□《たんぺんしゅう》。
⑨ □□《だんげん》する。
⑩ □□□《きょうかいせん》。
⑪ 重大な□□《じたい》。
⑫ □□□《ぎゃくほうこう》。
⑬ 裁《さい》□《ばん》で勝つ。
⑭ □□《あつりょく》が強い。

3 ――線の同じ読み方をする言葉を、漢字と送り仮名《がな》で書きましょう。 一つ2（16点）

① 1 太陽があらわれる。 □
 2 気持ちが顔にあらわれる。 □

② 1 試合にやぶれる。 □
 2 書類がやぶれる。 □

③ 1 あつい氷がとける。 □
 2 あついふろに入る。 □

④ 1 身長をはかる。 □
 2 体重をはかる。 □

4 次の漢字の部首名を、（　）に書きましょう。 一つ2（8点）

① 術（　　　）
② 祖（　　　）
③ 属（　　　）
④ 肥（　　　）

5 次の漢字の赤字の部分は、何画目に書きますか。（　）に数字で書きましょう。 一つ1（4点）

① 情（　）画目
② 武（　）画目
③ 状（　）画目
④ 非（　）画目

6 同じ音読みをする漢字を、□に書きましょう。 一つ2（12点）

① 新□《かん》線に乗る。――週□《かん》誌《し》を読む。
② □《く》点を打つ。――地□《く》の祭り。
③ 標□《じゅん》より多い。――標□《じゅん》序正しくならべる。

7 漢字の使い方が正しいほうに、○をつけましょう。 一つ2（4点）

① 文章の｛ア（　）構成　イ（　）校正｝を練る。
② 質問に｛ア（　）回答　イ（　）解答｝する。

基本のワーク

どちらを選びますか／新聞を読もう　文章に説得力をもたせるには／漢字の広場②

教科書 104～112ページ

勉強した日　月　日

◆「読み方」の赤い字は教科書で使われている読みです。●はまちがえやすい漢字です。

どちらを選びますか／新聞を読もう

得（105ページ）
ぎょうにんべん　得
（少し長く・はねる）

読み方：トク　える・（うる）

使い方：説得力《せっとくりょく》・得意《とくい》・得点《とくてん》　味方を得《え》る

11画

> **同じ読み方の漢字。**
> 得《とく》…手に入れる。もうかる。自分のものにする。
> 例 得点・損得《そんとく》・体得。
> 特《とく》…すぐれた。そのものだけの。
> 例 特技・特別・独特《どくとく》。
>
> 注意！

比（105ページ）
ならびひ　くらべる　比
（はねる・折る・曲げる）

読み方：ヒ　くらべる

使い方：比例《ひれい》・対比《たいひ》　意見を比《くら》べる

4画

政（106ページ）
のぶん　ぼくにょう　政
（はらう）

読み方：セイ・（ショウ）　（まつりごと）

使い方：政治《せいじ》・政府《せいふ》

9画

興（106ページ）
うす　興
（一画・二画・長く・とめる）

読み方：コウ・キョウ　（おこる）（おこす）

使い方：興奮《こうふん》・復興《ふっこう》・興味《きょうみ》

16画

> **筆順に注意。**
> 興
> 左の部分は「　」と四画で、右の部分は「　」と三画で書くことに気をつけよう。
>
> 注意！

108ページ

示

示 しめす

下を長く　はらう　はねる　とめる

読み方

ジ・(シ)
しめす

使い方

指示《しじ》・表示《ひょうじ》
数を示《しめ》す

5画

部首に注意。

「示」の部首は、一字全体で「示」(しめす)だよ。神様にそなえる物をのせる台を表していて、神様に関係のある漢字に付くことが多いよ。
「示」の付く漢字…祭　禁《きん》　など。

注意！

110ページ

張

張 ゆみへん

長く　はらう　はねる

読み方

チョウ
はる

使い方

主張《しゅちょう》・出張《しゅっちょう》
根を張《は》る

11画

漢字のでき方。

張
長…「長くのばす」ことを表す。
弓…「ゆみ」を表す。
弓のつるを長くのばしてはることから、「引っぱって広げる・言いはる」などの意味を表すよ。

でき方

111ページ

個

個 にんべん

小さく

読み方

コ
―

使い方

個人《こじん》・一個《いっこ》

10画

同じ読み方で形の似ている漢字。

固(コ)
かためる。かたい。もともと。
例 固形・固体・強固・固有

個(コ)
一つ。一人。物を数える言葉。
例 個々・個性・個数・三個

注意！

110ページ

支

支 し

あける　はらう

読み方

シ
ささえる

使い方

支局《しきょく》・支出《ししゅつ》・支店《してん》
主張を支《ささ》える

4画

漢字のでき方。

支
竹のえだを持って、ささえている様子からできた漢字だよ。
「ささえる・分かれる」という意味を表すよ。

でき方

ものしりメモ 「興」には、「コウ」「キョウ」という二つの音読みがあるよ。熟語《じゅくご》によって読み方が変わるから注意しよう。

練習のワーク

どちらを選びますか／新聞を読もう
文章に説得力をもたせるには／漢字の広場②

教科書 104〜112ページ　答え 4ページ

勉強した日　月　日

1 新しい漢字を読みましょう。

① 104ページ 説得力（　　）がある意見。

② 問題点を 比（　　）べる。

③ 106ページ 政治（　　）のニュース。

④ 興味（　　）が広がる。

⑤ 重要な事がらを 示（　　）す。

⑥ 110ページ 主張（　　）が伝わる。

⑦ 個人（　　）情報を守る。

⑧ 意見を 支（　　）える根拠《きょ》。

⑨ ここからはってん 二つのものを 対比（　　）する。

✿⑩ 町が 復興（　　）する。

✿⑪ 案内図を 表示（　　）する。

✿⑫ 庭木が根を 張（　　）る。

✿⑬ 新しく 支店（　　）ができる。

2 新しい漢字を書きましょう。〔　〕は、送り仮名《がな》も書きましょう。

① 104ページ □□□《せっとくりょく》をもたせる。

② 大きさを〔　　〕《くらべる》。

③ 106ページ 日本の□□《せいじ》に関心をもつ。

✿の漢字は新出漢字の別の読み方です。

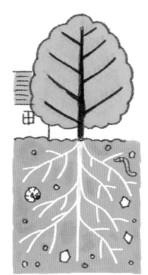

4 歴史に□□《きょうみ》がある。

5 図で〔　　〕《しめす》。

6 110ページ 筆者の□□《しゅちょう》をつかむ。

7 □□《こじん》の自由をみとめる。

8 柱で屋根を〔　　〕《ささえる》。

✿9 ここからはってん 色の□□《たいひ》が美しい。

✿10 地いきの□□《ふっこう》を助ける。

✿11 時間を□□《ひょうじ》する。

✿12 いつまでも意地を□《は》る。

3 漢字の広場

四年生で習った漢字を書きましょう。〔　〕は、送り仮名も書きましょう。

1 住所と□□《しめい》。

2 □《ぐん》の外れに住む。

3 学校を□□《そつぎょう》する。

4 会社で〔　　〕《はたらく》。

5 〔　　〕《はじめて》山へ登る。

6 □□《しゅうまつ》に出かける。

7 会に□□《さんか》する。

8 □□《しぜん》に〔　　〕《つつまれる》。

9 スポーツに□□《ねっちゅう》する。

10 最後まで〔　　〕《つづける》。

11 □□《もくひょう》を立てる。

12 □□《せつやく》にはげむ。

13 □□□《あくてんこう》になる。

14 □□《さんざん》な目にあう。

15 □□《しっぱい》に終わる。

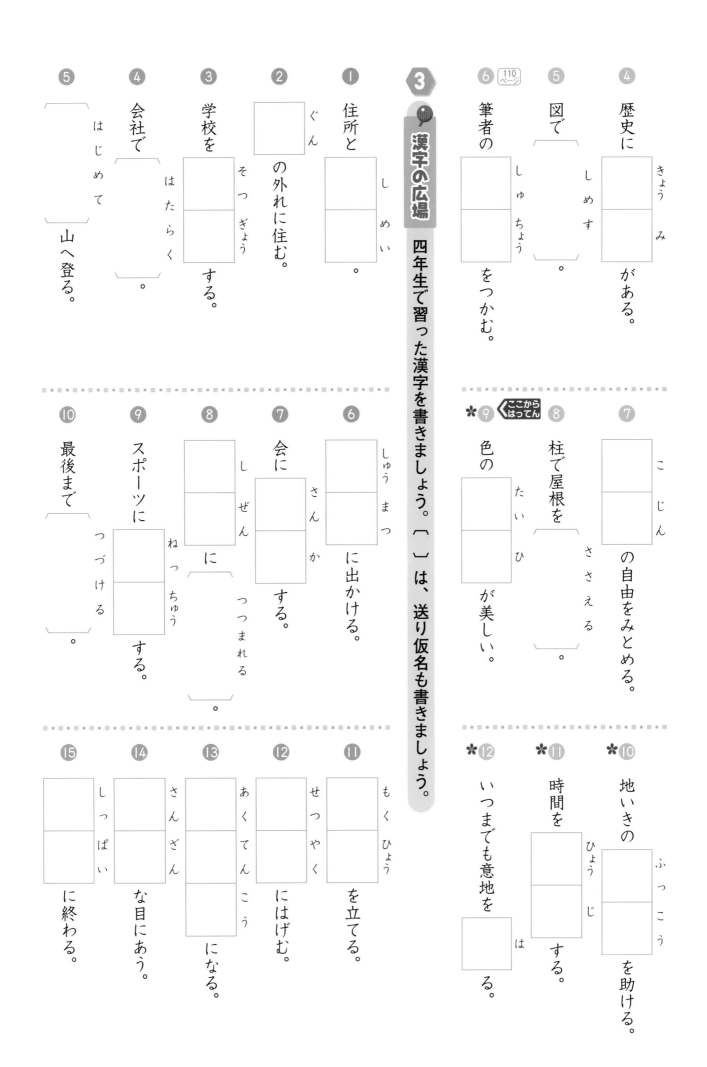

⑯ □□《ざんねん》に思う。

⑰ □□《はんせい》を生かす。

⑱ 一人で□□《とっくん》する。

⑲ □□《ひっし》に考える。

⑳ □□《どりょく》が実る。

㉑ □□《なかま》と組む。

㉒ チームで□□《けっそく》する。

㉓ □□《ふあん》な夜をすごす。

㉔ 〔　　〕《つめたい》雨がふる。

㉕ □《いばら》の道を進む。

㉖ □□《くろう》を重ねる。

㉗ □□《しんねん》をつらぬく。

㉘ 天候は□□《りょうこう》だ。

㉙ □□《きぼう》をいだく。

㉚ □□□《ふくたいちょう》になる。

㉛ □□□《れんたいかん》が高まる。

㉜ □□《ゆうき》がわく。

㉝ 登ちょうに□□《せいこう》する。

㉞ □《はた》をふる。

㉟ □□《ひがん》をかなえる。

㊱ □□《ぶじ》に着く。

㊲ ゴールに□《たっ》する。

㊳ □《わ》になって〔　　〕《わらう》。

㊴ □□□《しゅくがかい》を開く。

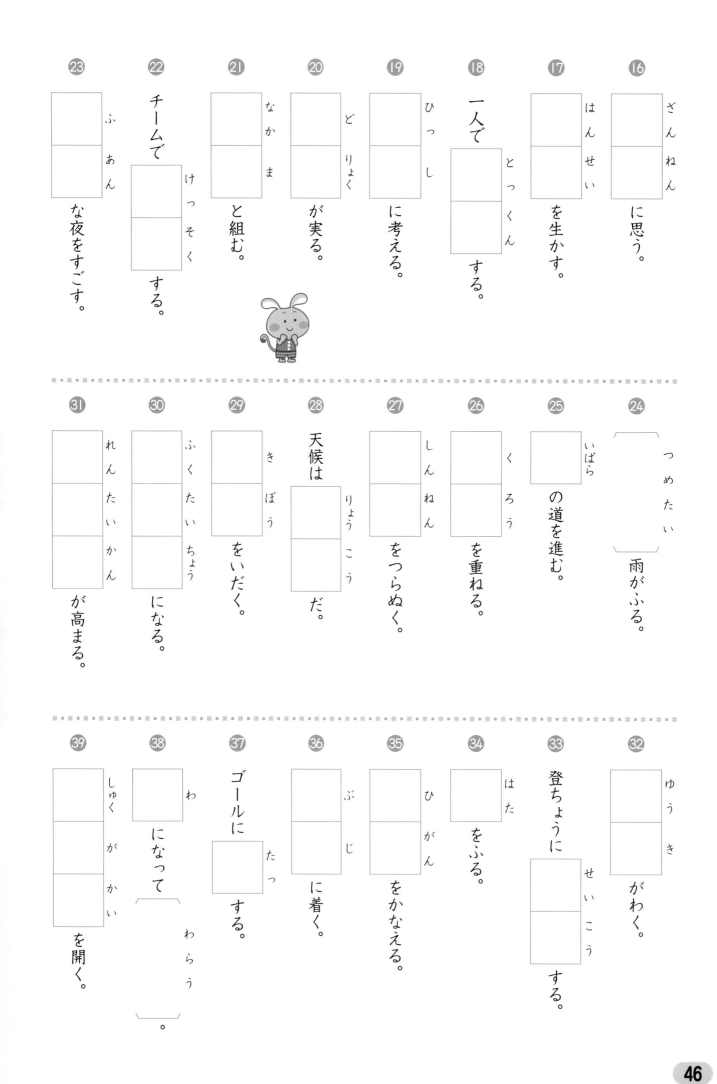

基本のワーク

たずねびと／漢字の広場③
方言と共通語

教科書 113～133ページ

勉強した日　月　日

◆「読み方」の赤い字は教科書で使われている読みです。●はまちがえやすい漢字です。

たずねびと／方言と共通語

114ページ

迷　しんにょう　しんにゅう

一画　とめる

読み方：（メイ）　まよう

使い方：道に迷《まよ》う・判断に迷《まよ》う

9画

117ページ

在　つち

少し出す　下を長く

読み方：ザイ　ある

使い方：所在地《しょざいち》・現在《げんざい》・実在《じつざい》　心の在《あ》り方

6画

119ページ

独　けものへん

つき出さない　とめる　はねる

読み方：ドク　ひとり

使い方：独自《どくじ》・独立《どくりつ》　独《ひと》り言

9画

119ページ

弁　こまぬき　にじゅうあし

とめる　長く　はらう　とめる

読み方：ベン　—

使い方：弁当箱《べんとうばこ》・弁解《べんかい》・花弁《かべん》

5画

121ページ

検　きへん

つき出さない　とめる　はらう

読み方：ケン　—

使い方：検索《けんさく》・検査《けんさ》・点検《てんけん》

12画

同じ読み方で形の似ている漢字。

検（ケン）…調べる。　例 検査・検定

険（ケン）…あぶない。けわしい。　例 危《き》険・険路

験（ケン）…ためす。調べる。　例 試験・実験

注意！

筆順 1 2 3 4 5　まちがえやすいところ…★

122ページ

提 てへん

提

はらう　はねる

読み方
テイ
(さげる)

使い方
提供《ていきょう》・提案《ていあん》・提示《ていじ》

12画

123ページ

寄 うかんむり

寄

立てる　はねる　長く

読み方
キ
よる・よせる

使い方
寄宿《きしゅく》・寄付《きふ》
立ち寄《よ》る・顔を寄《よ》せる

11画

123ページ

余 ひとやね

余

はらう　下を長く　とめる　はねる

読み方
ヨ
あまる・あます

使い方
余計《よけい》・余震《よしん》・余分《よぶん》
百人余《あま》り・三日を余《あま》す

7画

124ページ

仏 にんべん

仏

とめる

読み方
ブツ
ほとけ

使い方
仏像《ぶつぞう》・大仏《だいぶつ》・念仏《ねんぶつ》
仏《ほとけ》にいのる・仏心《ほとけごころ》

4画

132ページ

貸 かい

貸

平たく　はねる　とめる

読み方
(タイ)
かす

使い方
本を貸《か》す・手を貸《か》す

12画

133ページ

効 ちから

効

立てる　はねる　とめる

読み方
コウ
きく

使い方
効果《こうか》・有効《ゆうこう》
薬が効《き》く

8画

同じ読み方の漢字。
効《き》く…ききめがある。
例 かぜに効く薬。
聞《き》く…音や声を耳にする。
例 川の音を聞く。

注意！

特別な読み方をする言葉

122ページ	
真面目	まじめ

ものしりメモ 「余」は、「朩」の部分を「示」と書かないように気をつけよう。

練習のワーク

たずねびと／漢字の広場③
方言と共通語

教科書 113～133ページ
答え 4ページ

勉強した日　月　日

1 新しい漢字を読みましょう。

① 113ページ 迷いねこをさがす。
② 県庁《ちょう》所在地。
③ 独り言をつぶやく。
④ 弁当箱を持つ。
⑤ パソコンで検索《さく》する。
⑥ 生《き》真面目な顔。
⑦ 情報を提供《きょう》する。
⑧ そばに寄る。
⑨ 八百人余りの人。
⑩ 仏をおがむ。
⑪ 132ページ 友達に本を貸す。
⑫ 方言の効果を考える。
✿⑬ ここからはってん 今後の在り方を考える。
✿⑭ 独自の方法。
✿⑮ 寄付をつのる。
✿⑯ 余計なことを言う。
✿⑰ 古い仏像。
✿⑱ よく効く薬。

✿の漢字は新出漢字の別の読み方です。

2 新しい漢字を書きましょう。〔　〕は、送り仮名《がな》も書きましょう。

113ページ

① 道に〔　　〕《まよう》。

② 学校の□□□《しょざいち》。

③ 〔　　〕《ひとり》言が多い。

④ □□□《べんとうばこ》をあらう。

⑤ 図書館の本を□《けん》索《さく》する。

⑥ □□□《まじめ》に取り組む。

⑦ サービスを□《てい》供《きょう》する。

⑧ 道のわきに〔　　〕《よる》。

⑨ 飲み物が〔　　〕《あまる》。

⑩ □《ほとけ》のような人。

132ページ

⑪ 力を〔　　〕《かす》。

⑫ 新薬の□□《こうか》を調べる。

ここからはってん

✿⑬ □□《どくじ》の考え。

✿⑭ 絵本を□□《きふ》する。

✿⑮ 人数より□□《よけい》に用意する。

3 漢字の広場 四年生で習った漢字を書きましょう。〔　〕は、送り仮名も書きましょう。

① □□《さんぎょう》がさかえる。

② 遠洋□□《ぎょぎょう》を行う。

③ □□□□《とどうふけん》。

④ 日本□□《かくち》を旅行する。

⑤ □□《たんい》を書く。

⑥ □《おく》と□《ちょう》の計算。

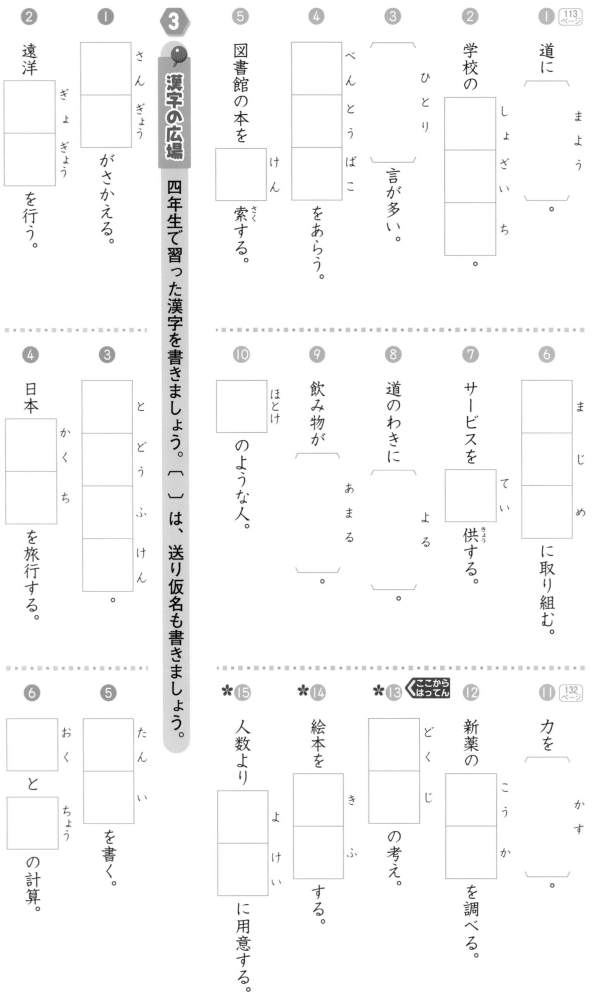

⑦ 円の□□《はんけい》。

⑧ □□《めんせき》を測る。

⑨ □□《れいだい》を出す。

⑩ 三角形の□□《ていへん》。

⑪ □□《けいりょう》カップを使う。

⑫ 新しい□□《ほうほう》。

⑬ □□《けっか》を報告する。

⑭ 道具を□□《こてい》する。

⑮ □□□《しけんかん》をあらう。

⑯ こんろで□□《かねつ》する。

⑰ □□《きゅうしょく》のご□《はん》。

⑱ □□《えいよう》に（　　）《とむ》。

⑲ □□《けんこう》に気をつける。

⑳ （　　）《やき》魚をたべる。

㉑ □□《えんぶん》をひかえる。

㉒ □□《へんか》の□□《かんさつ》。

㉓ □《たね》から□《め》が出る。

㉔ □□《ごうれい》をかける。

㉕ □□《きろく》をつける。

㉖ グラウンドを□□《いっしゅう》する。

㉗ みんなで□□《がっしょう》する。

㉘ □□《がっき》を演そうする。

㉙ □□□《がくげいかい》の練習。

㉚ 曲を（　　）《おぼえる》。

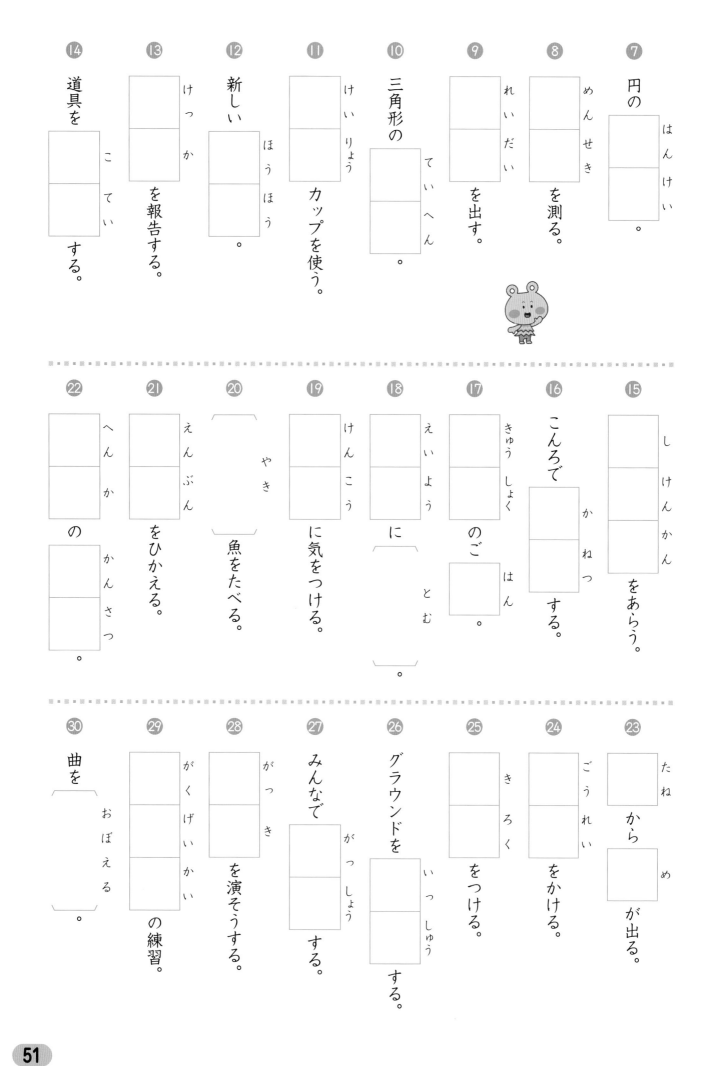

たがいの立場を明確にして、話し合おう

基本のワーク

よりよい学校生活のために 浦島太郎《うらしまたろう》「御伽草子《おとぎぞうし》」より／和語・漢語・外来語

教科書 136～148ページ

勉強した日 月 日

◆「読み方」の赤い字は教科書で使われている読みです。★はまちがえやすい漢字です。

よりよい学校生活のために

137ページ

条 条 き（はらう・とめる）

読み方：ジョウ

使い方：条件《じょうけん》・条約《じょうやく》・三か条《じょう》

7画

漢字の形に注意。

条 「木」の部分を「ホ」と書かないようにしよう。

137ページ

件 件 にんべん（つき出す・下を長く）

読み方：ケン

使い方：条件《じょうけん》・事件《じけん》・用件《ようけん》

6画

137ページ

保 保 にんべん（はらう・とめる）

読み方：ホ　たもつ

使い方：保管《ほかん》・保育園《ほいくえん》・保健室《ほけんしつ》　形を保《たも》つ

9画

同じ読み方の言葉。

保健《ほけん》…健康を保つこと。

保険《ほけん》…前もってお金をはらい、事故《こ》や病気のときにお金を受け取る仕組み。

139ページ

評 評 ごんべん（あける）

読み方：ヒョウ

使い方：評価《ひょうか》・評判《ひょうばん》・好評《こうひょう》

12画

筆順 1 2 3 4 5　まちがえやすいところ…★

139ページ

価　にんべん

×「西」

読み方
カ
（あたい）

使い方
評価《ひょうか》・価格《かかく》・高価《こうか》

8画

漢字の形に注意。

価　「覀」の部分を「西」と書かないようにしよう。

注意！

139ページ

賛　かい

とめる　はらう　とめる

読み方
サン
—

使い方
賛成《さんせい》・賛同《さんどう》

15画

「賛」を使った四字熟《じゅく》語。

自画自賛《じがじさん》…自分で自分のことをほめること。

賛成多数《さんせいたすう》…賛成意見の方が反対意見よりも多いこと。

覚えよう！

浦島太郎「御伽草子」より

144ページ

妻　おんな

つき出さない　少し出す　長く　とめる

読み方
サイ
つま

使い方
妻子《さいし》・夫妻《ふさい》
妻《つま》と夫

8画

漢字の形に注意。

妻　「⺕」の部分を「彐」と書かないようにしよう。

注意！

和語・漢語・外来語

146ページ

混　さんずい

はねる

読み方
コン
まじる・まざる
まぜる・こむ

使い方
混雑《こんざつ》・混戦《こんせん》
色を混《ま》ぜる・混《こ》み合う

11画

同じ読み方の漢字。

混《ま》ぜる…ことなるものを合わせて一つにする。
例 バターとさとうを混ぜる。

交《ま》ぜる…ことなるものを組み入れる。
例 漢字と仮名《かな》を交ぜて書く。

注意！

ものしりメモ

「評」は、「訁」(言葉)と「平」(たいら)からできた漢字で、「公平に話し合う・品定めをする」という意味を表すよ。

146ページ

雑

雑　ふるとり

雑（はねる・とめる）

読み方　ザツ・ゾウ　｜　―

使い方　混雑《こんざつ》・雑音《ざつおん》・雑木林《ぞうきばやし》

14画

147ページ

略

略　たへん

略（小さく・はらう）

読み方　リャク　｜　―

使い方　省略《しょうりゃく》・計略《けいりゃく》・戦略《せんりゃく》

11画

147ページ

採

採　てへん

採（はらう・はねる・とめる）

読み方　サイ　｜　とる

使い方　採集《さいしゅう》・採決《さいけつ》・採点《さいてん》
草花を採《と》る

11画

注意！

同じ読み方の漢字。

採《と》る…さがして集める。選んで集める。
例　きのこを採る。社員を採る。

取《と》る…手に持つ。にぎる。手に入れる。
例　バットを取る。点を取る。

147ページ

禁

禁　しめす

禁（とめる・はらう・下を長く・はねる）

読み方　キン　｜　―

使い方　禁止《きんし》・禁物《きんもつ》・解禁《かいきん》

13画

漢字のでき方。

禁　林…「木のおいしげった林」を表す。
示…「神様にそなえる物をのせる台」を表す。
神様をまつる神聖《せい》な場所で立ち入れないことから、「禁止」の意味になったよ。

でき方

148ページ

能

能　にくづき

能（はねる・とめる・はねる）

読み方　ノウ　｜　―

使い方　可能性《かのうせい》・能力《のうりょく》

10画

読み方が新しい漢字

147ページ	生《なま》
	生物《なまもの》
147	止《シ》
	禁止《きんし》
147	女《ジョ》
	少女《しょうじょ》

ものしりメモ

「雑」には、「ザツ」「ゾウ」という二つの音読みがあるので注意しよう。「ザツ」と読む言葉に「雑草」「雑用」、「ゾウ」と読む言葉に「雑きん」「雑すい」などがあるよ。

練習のワーク

よりよい学校生活のために
浦島太郎《うらしまたろう》「御伽草子《おとぎぞうし》」より／和語・漢語・外来語

教科書 136〜148ページ
答え 5ページ

勉強した日　月　日

1 新しい漢字を読みましょう。

① 136ページ 条件（　）を決める。
② ろう下をきれいに保（　）つ。
③ 相手の評価（　）をきく。
④ 意見に賛成（　）する。
⑤ 144ページ 妻（　）と夫。
⑥ 146ページ 電車が混（　）み合う。
⑦ 道路が混雑（　）する。
⑧ 言葉を省略（　）する。
⑨ 植物を採集（　）する。
⑩ 生物（　）に火を通して食べる。
⑪ 立ち入り禁止（　）になる。
⑫ 少年と少女（　）。
⑬ 可能性（　）がある。
✿⑭ ここからはってん 大切に保管（　）する。
✿⑮ 雑木林（　）で遊ぶ。

2 新しい漢字を書きましょう。〔　〕は、送り仮名《がな》も書きましょう。

① 136ページ □□《じょうけん》を出す。
② 体力を〔　〕《たもつ》。
③ 作文が□□《ひょうか》される。

✿の漢字は新出漢字の別の読み方です。

4 □□《さんせい》か反対かをきく。

5 144ページ □《つま》と出かける。

6 146ページ 人で〔　　〕《こみ》合う。

7 駅前が□□《こんざつ》する。

8 話を□□《しょうりゃく》する。

9 山できのこを□□《さいしゅう》する。

10 □□《なまもの》を冷蔵《ぞう》庫にしまう。

11 おしゃべりを□□《きんし》する。

12 □□《しょうじょ》が歌う。

13 □□□《かのうせい》を信じる。

✿14 ここからはってん 倉庫で□□《ほかん》する。

✿15 □□□《ぞうきばやし》を歩く。

3 漢字で書きましょう。（〰〰は、送り仮名《がな》も書きましょう。太字は、この回で習った漢字を使った言葉です。）

1 ふくすうの**じょうけん**をあげる。

2 しつないをせいけつに**たもつ**。

3 たかい**ひょうか**をえる。

4 **さんせい**たすうでけっていする。

5 みせが**こんざつ**する**かのうせい**がある。

6 こんちゅう**さいしゅう**を**きんし**する。

資料を用いた文章の効果を考え、それをいかして書こう

基本のワーク

固有種が教えてくれること 自然環境《かん》を守るために

◆「読み方」の赤い字は教科書で使われている読みです。●はまちがえやすい漢字です。

教科書 149～164ページ

勉強した日　月　日

固有種が教えてくれること

150ページ

過　しんにょう しんにゅう（一画・はねる）

読み方：カ／すぎる・すごす／（あやまつ）（あやまち）

使い方：過程《かてい》・経過《けいか》・通過《つうか》／毎日を過《す》ごす

12画

150ページ

程　のぎへん（とめる・一番長く）

読み方：テイ／（ほど）

使い方：過程《かてい》・程度《ていど》・音程《おんてい》

12画

漢字の意味。

「程」には、いろいろな意味があるよ。

①物事の度合い。例 程度・音程

②道のり。例 過程・行程

③一定の決まり。例 工程・日程

151ページ

豊　まめ（つき出す・長く）

読み方：ホウ／ゆたか

使い方：豊作《ほうさく》・豊富《ほうふ》／豊《ゆた》かな自然

13画

漢字のでき方。

豊

「豆」(うつわ)にそなえ物を山もりにもった形からできた漢字だよ。「ゆたか・たくさんある」という意味を表すよ。

152ページ

布　はば（長く・つき出す・とめる・はねる）

読み方：フ／ぬの

使い方：分布《ぶんぷ》・配布《はいふ》／布《ぬの》を切る

5画

筆順 1 2 3 4 5　まちがえやすいところ…★

155ページ

減

わすれない
はねる

減　さんずい

読み方
ゲン
へる・へらす

使い方
減少《げんしょう》・減点《げんてん》・加減《かげん》
人数が減《へ》る

12画

155ページ

護

あける
はらう
あける

護　ごんべん

読み方
ゴ
―

使い方
保護《ほご》・救護《きゅうご》・養護《ようご》

20画

155ページ

再

つき出す
とめる
はねる

再　どうがまえ　けいがまえ

読み方
サイ・サ
ふたたび

使い方
再会《さいかい》・再建《さいけん》・再来週《さらいしゅう》
再《ふたた》びたずねる

6画

漢字の意味。
「再」は、「二回・もう一度」などの意味を表すよ。
例 再来年…(年が二回めぐった)来年の次の年。
例 再来週…(週が二回めぐった)来週の次の週。

漢字の意味

155ページ

増

増　つちへん

読み方
ゾウ
ます
ふえる・ふやす

使い方
増加《ぞうか》・増水《ぞうすい》
水量が増《ま》す・人が増《ふ》える

14画

反対の意味の言葉。
増加《ぞうか》…数や量が増えること。増やすこと。
減少《げんしょう》…減って少なくなること。少なくすること。
「増」と「減」を合わせた「増減」という言葉もあるね。「人口の増減を調べる」などと使うよ。

覚えよう!

157ページ

証

あける
下を長く

証　ごんべん

読み方
ショウ
―

使い方
証人《しょうにん》・証言《しょうげん》・証明《しょうめい》

12画

157ページ

責

一番長く
とめる

責　かい

読み方
セキ
せめる

使い方
責任《せきにん》・重責《じゅうせき》
罪を責《せ》める

11画

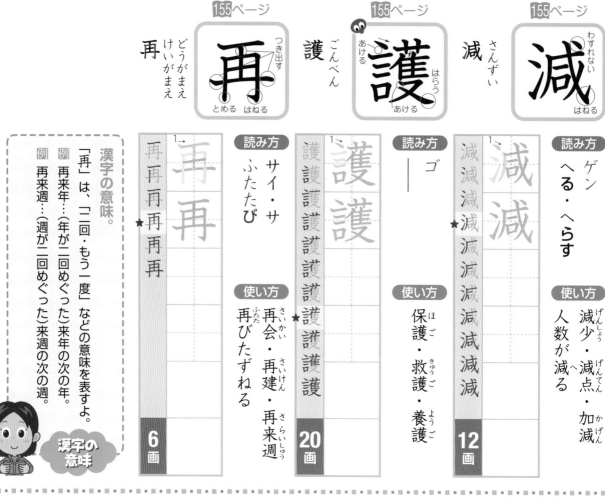

任

157ページ

任　にんべん

上を長く

読み方

ニン

まか**せる**・まか**す**

使い方

責任《せきにん》・任命《にんめい》

後を任《まか》せる・係を任《まか》す

6画

漢字の意味。

「任」は、「仕事をまかせる・まかせられたつとめ」などの意味を表すよ。

「任」と形が似ているけれど、使い方や読み方はちがうから注意してね。

自然環《かん》境を守るために

統

161ページ

統　いとへん

立てる　はらう　はねる　とめる

読み方

トウ

（す**べる**）

使い方

統計《とうけい》資料《しりょう》・統合《とうごう》・伝統《でんとう》

12画

酸

161ページ

酸　とりへん

×西　とめる　はらう

読み方

サン

（す**い**）

使い方

二酸化炭素《にさんかたんそ》・炭酸《たんさん》

14画

素

161ページ

素　いと

一番長く　とめる

読み方

ソ・（ス）

——

使い方

炭素《たんそ》・素材《そざい》・素質《そしつ》

10画

漢字の意味。

「素」は、「もととなるもの・いつもの」などの意味を表すよ。

例　素材…もととなるそのままの材料。

例　素行…いつもの行動。

設

163ページ

設　ごんべん

あける　はねる　はらう

読み方

セツ

もう**ける**

使い方

設定《せってい》・設置《せっち》・設立《せつりつ》

機会を設《もう》ける

11画

読み方が新しい漢字

154ページ

森　シン

森林《しんりん》

ものしりメモ

「設ける」は、「つくる・そなえる」という意味だよ。「お金の利益《えき》を得る・得をする」という意味での「もうける」ではないので、使い方に気をつけよう。

練習のワーク

固有種が教えてくれること 自然環境《かん》を守るために

教科書 149～164ページ
答え 5ページ

勉強した日 月 日

1 新しい漢字を読みましょう。

① 149ページ 進化の過程。
② 豊かな環《かん》境。
③ 野生生物の分布。
④ 森林のばっさいが進む。
⑤ 数が減少する。
⑥ 動植物を保護する。
⑦ 再びたずねる。
⑧ 体重が増加する。
⑨ 生き証人となる。
⑩ 責任を感じる。
⑪ 160ページ 統計資料を集める。
⑫ 二酸化炭素を出す。
⑬ 設定温度を変える。
✿⑭ ここからはってん 毎日を楽しく過ごす。
✿⑮ 栄養が豊富だ。
✿⑯ 花の種類が減る。
✿⑰ 友人と再会する。
✿⑱ 量が増える。
✿⑲ あやまちを責める。
✿⑳ 新しい仕事を任せる。
✿㉑ 話し合いの場を設ける。

✿の漢字は新出漢字の別の読み方です。

2 新しい漢字を書きましょう。〔　〕は、送り仮名《がな》も書きましょう。

1 149ページ 製作□□《かてい》を見学する。

2 緑が〔　〕《ゆたか》な公園。

3 方言の□□《ぶんぷ》を調べる。

4 □□《しんりん》が開発される。

5 人口が□□《げんしょう》する。

6 子ねこを□□《ほご》する。

7 〔　〕《ふたたび》朝をむかえる。

8 川の水が□□《ぞうか》する。

9 裁《さい》判の□□《しょうにん》。

10 □□《せきにん》をもつ。

11 160ページ □□□□《とうけいしりょう》。

12 □□□□□《にさんかたんそ》。

13 目標を□□《せってい》する。

ここからはってん

✿14 同級生との□□《さいかい》。

✿15 相手の失敗を□《せ》める。

3 漢字で書きましょう。（〰〰は、送り仮名も書きましょう。太字は、この回で習った漢字を使った言葉です。）

1 けっかより**かてい**がたいせつだ。

2 しぜんの**ほご**につとめる。

3 じぶんの**せきにん**をはたす。

基本のワーク

カンジー博士の暗号解読
漢字の広場④

教科書 166～170ページ

勉強した日　月　日

◆「読み方」の赤い字は教科書で使われている読みです。★はまちがえやすい漢字です。

カンジー博士の暗号解読

授　166ページ
てへん　11画
（はねる・あける・はらう・はねる）
読み方：ジュ　(さずける)(さずかる)
使い方：教授《きょうじゅ》・授業《じゅぎょう》・授賞式《じゅしょうしき》

反対の意味をもつ漢字。
「授」は、「手わたす・あたえる」などの意味を表すよ。反対の意味をもつ漢字は「受」だよ。
例　授賞《じゅしょう》…賞をあたえること。
例　受賞《じゅしょう》…賞をうけること。

覚えよう!

紀　166ページ
いとへん　9画
（あける・はらう・とめる・はねる）
読み方：キ
使い方：紀行文《きこうぶん》・紀元《きげん》・世紀《せいき》

財　167ページ
かいへん　10画
（少し出す・とめる・はねる）
読み方：ザイ・(サイ)
使い方：文化財《ぶんかざい》・財産《ざいさん》・財宝《ざいほう》

脈　167ページ
にくづき　10画
（はらう・はねる・とめる）
読み方：ミャク
使い方：山脈《さんみゃく》・葉脈《ようみゃく》・脈《みゃく》はく

漢字の意味。
「脈」には、いろいろな意味があるよ。
①血がめぐるすじ。血管。例　静《じょう》脈・動脈
②血管の規則《きそく》正しい動き。例　脈を打つ・脈はく
③すじとなって続くもの。例　山脈・文脈

漢字の意味

筆順 1 2 3 4 5　(まちがえやすいところ)…★

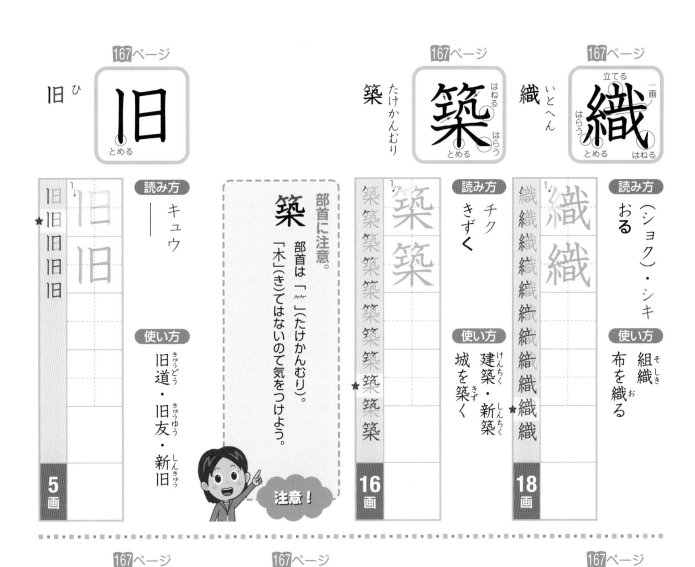

167ページ

織

織 いとへん

立てる　一画　はらう　とめる　はねる

読み方

(ショク)・シキ

おる

使い方

組織《そしき》

布を織《お》る

18画

167ページ

築

築 たけかんむり

はねる　はらう　とめる

読み方

チク

きずく

使い方

建築《けんちく》・新築《しんちく》

城を築《きず》く

16画

部首に注意。

築

部首は「⺮」(たけかんむり)。

「木」(き)ではないので気をつけよう。

注意!

167ページ

旧

旧 ひ

とめる

読み方

キュウ

―

使い方

旧道《きゅうどう》・旧友《きゅうゆう》・新旧《しんきゅう》

5画

167ページ

規

規 みる

はねる　とめる

読み方

キ

―

使い方

規則《きそく》・規約《きやく》・定規《じょうぎ》

11画

漢字の意味。

「規」には、いろいろな意味があるよ。

①決まり。手本。　例 規則《そく》・規約

②正す。いましめる。　例 規正・規制《せい》

③コンパスなどの用具。　例 定規

漢字の意味

167ページ

則

則 りっとう

とめる　はねる

読み方

ソク

―

使い方

規則《きそく》・反則《はんそく》・法則《ほうそく》

9画

167ページ

貯

貯 かいへん

立てる　はねる　とめる

読み方

チョ

―

使い方

貯金《ちょきん》・貯金箱《ちょきんばこ》・貯水池《ちょすいち》

12画

ものしりメモ

「旧」は、「ふるい・昔」などの意味を表すよ。(例) 新旧・旧都・旧習

似た意味をもつ漢字に、「古」「故《こ》」があるよ。(例) 古着・古代・故事

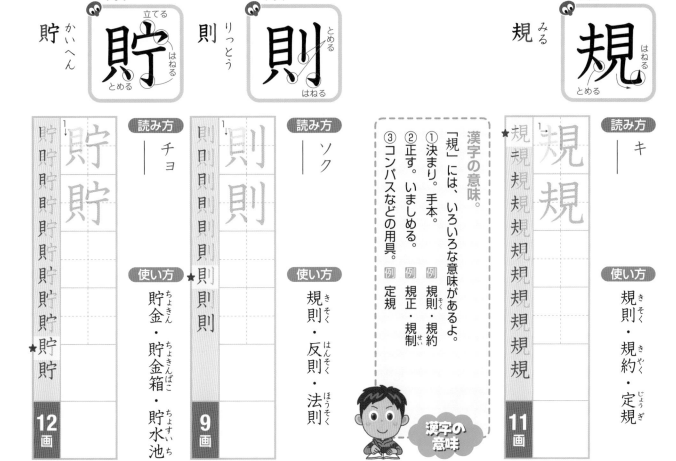

167ページ

型

型 つち

はねる　はらう　下を長く

9画

読み方

ケイ
かた

使い方

原型《げんけい》・典型的《てんけいてき》・新型《しんがた》・型紙《かたがみ》・小型化《こがたか》

同じ読み方の漢字。

型《ケイ》・型《かた》…何かをかたどった、もとになるかたち。タイプ。例 原型・模型《も》・血液型《えき》

形《ケイ》・形《かた》…そのもの自身のすがた。例 図形・地形・手形

注意！

167ページ

液

液 さんずい

立てる　はらう

11画

読み方

エキ
—

使い方

血液《けつえき》・液体《えきたい》

167ページ

基

基 つち

長く　はらう　下を長く

11画

読み方

キ
（もと）（もとい）

使い方

基本《きほん》・基準《きじゅん》・基点《きてん》

167ページ

額

額 おおがい

立てる　はねる　とめる

18画

読み方

ガク
ひたい

使い方

額《がく》に入れる・金額《きんがく》
額《ひたい》のあせ

167ページ

故

故 のぶん ぼくにょう

はらう

9画

読み方

コ
（ゆえ）

使い方

事故《じこ》・故国《ここく》・故人《こじん》

漢字の意味。

「故」は、「もとの・古い・出来事・死んでいる・わざと・理由」などの意味を表すよ。

例 故国…出身の国。　故人…死んだ人。
故意…わざとすること。

漢字の意味

読み方が新しい漢字

167ページ	
組《ソ》	組織《そしき》

特別な読み方をする言葉

166	
博士	はかせ

ものしりメモ

「故」を使った四字熟語《じゅく》に「温故知新《おんこちしん》」があるよ。「昔のことをよく研究して、そこから新たな知識や考えを引き出すこと」を表すんだ。

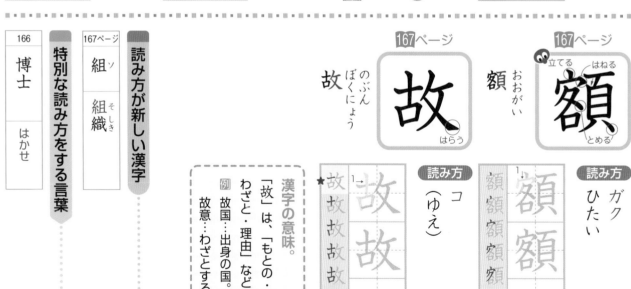

練習のワーク

カンジー博士の暗号解読
漢字の広場④

教科書 166〜170ページ
答え 5ページ

勉強した日　月　日

1 新しい漢字を読みましょう。 166ページ

① 物知り博士。（　）
② 教授からの手紙。（　）
③ 紀行文を読む。（　）
④ 重要文化財。（　）
⑤ 山脈のながめ。（　）
⑥ 組織の一員。（　）
⑦ 家屋の建築。（　）

⑧ 旧道ぞいの店。（　）
⑨ 規則正しい生活。（　）
⑩ 毎月貯金する。（　）
⑪ 新型の車。（　）
⑫ 血液の成分。（　）
⑬ 基本の形。（　）
⑭ 写真を額にかざる。（　）

⑮ 事故を防ぐ。（　）
✿⑯ ここからはってん 手で布を織る。（　）
✿⑰ 友好関係を築く。（　）
✿⑱ ねん土で原型を作る。（　）
✿⑲ ねこの額ほどの庭。（　）

✿の漢字は新出漢字の別の読み方です。

2 新しい漢字を書きましょう。

① 166ページ こん虫□□《はかせ》とよばれる。

② 大学の□□《きょうじゅ》。

③ □□□《きこうぶん》を書く。

④ □□□《ぶんかざい》を守る。

⑤ 日本の□□《さんみゃく》。

⑥ 会社の□□《そしき》。

⑦ ビルの□□《けんちく》。

⑧ 町の□□《きゅうどう》を通る。

⑨ □□《きそく》にしたがう。

⑩ □□《ちょきん》がたまる。

⑪ □□《しんがた》のカメラ。

⑫ □□《けつえき》を検査する。

⑬ □□《きほん》を知る。

⑭ 絵を□《がく》に入れる。

⑮ 自動車□□《じこ》が減る。

3 漢字の広場 四年生で習った漢字を書きましょう。

① □□《みやぎ》県の七夕祭り。

② □□《いばらき》県のなっとう。

③ □□《とちぎ》県のいちご。

④ □□《ぐんま》県のこんにゃく。

⑤ □□《さいたま》県のひな人形。

⑥ □□□《かながわ》県の港。

⑦ □□《にいがた》県のお米。

⑧ □□《とやま》県のチューリップ。

⑨ □□《ふくい》県でかにを食べる。

⑩ □□《やまなし》県のぶどう。

⑪ □□《ぎふ》県のくり。

⑫ □□《しずおか》県のお茶。

⑬ □□《あいち》県のみそ。

⑭ □□《しが》県にある湖。

⑮ □□□《きょうとふ》の和がし。

⑯ □□□《おおさかふ》のしろ。

⑰ □□《ひょうご》県で野球大会を行う。

⑱ □□《なら》県の大仏。

⑲ □□《おかやま》県のもも。

⑳ □□《とくしま》県のおどり。

㉑ □□《かがわ》県のうどん。

㉒ □□《えひめ》県のみかん。

㉓ □□《ふくおか》県のラーメン。

㉔ □□《さが》県でとれたのり。

㉕ □□《ながさき》県のカステラ。

㉖ □□《くまもと》県のすいか。

㉗ □□《みやざき》県のマンゴー。

㉘ □□□《かごしま》県の黒ぶた。

㉙ □□《おきなわ》県のさとうきび。

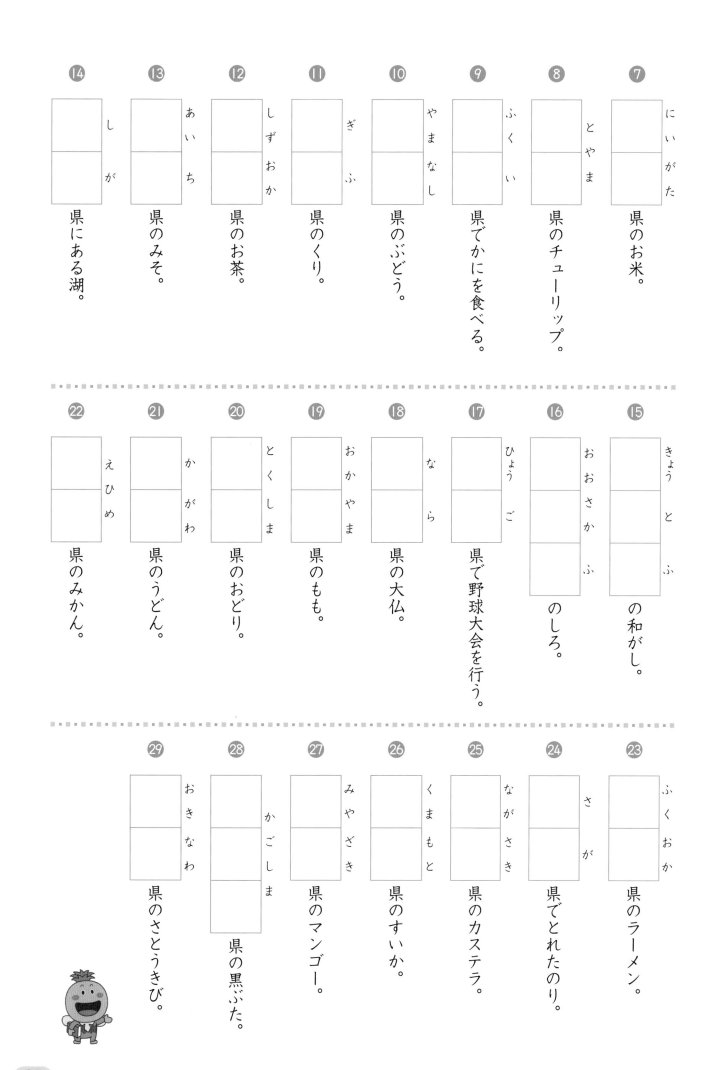

基本のワーク

やなせたかし──アンパンマンの勇気／あなたは、どう考える

教科書 171～189ページ

勉強した日　月　日

◆「読み方」の赤い字は教科書で使われている読みです。
★はまちがえやすい漢字です。

やなせたかし──アンパンマンの勇気／あなたは、どう考える

婦（173ページ）
婦　おんなへん
（つき出さない・少し出す・はねる・とめる）

読み方：フ　―

使い方：夫婦《ふうふ》・主婦《しゅふ》・婦人服《ふじんふく》

11画

救（174ページ）
救　のぶん　ぼくにょう
（わすれない・はらう・はねる）

読み方：キュウ　すくう

使い方：救助《きゅうじょ》・救急車《きゅうきゅうしゃ》　友達を救《すく》う

11画

格（174ページ）
格　きへん
（はらう・とめる）

読み方：カク・（コウ）　―

使い方：本格的《ほんかくてき》・性格《せいかく》・不格好《ぶかっこう》

10画

職（174ページ）
職　みみへん
（立てる・一画・つき出さない・はねる）

読み方：ショク　―

使い方：就職《しゅうしょく》・職業《しょくぎょう》・職員室《しょくいんしつ》

18画

形の似ている漢字。

職（ショク）…仕事。つとめ。　例 職業・職場

織（シキ・お-る）…布をおる。組み立てる。　例 織物・組織

識（シキ）…知る。見分ける。　例 常識・知識

移（174ページ）
移　のぎへん
（たてに重ねる・とめる）

読み方：イ　うつる・うつす

使い方：移動《いどう》・移行《いこう》・移住《いじゅう》　家を移《うつ》る・場所を移《うつ》す

11画

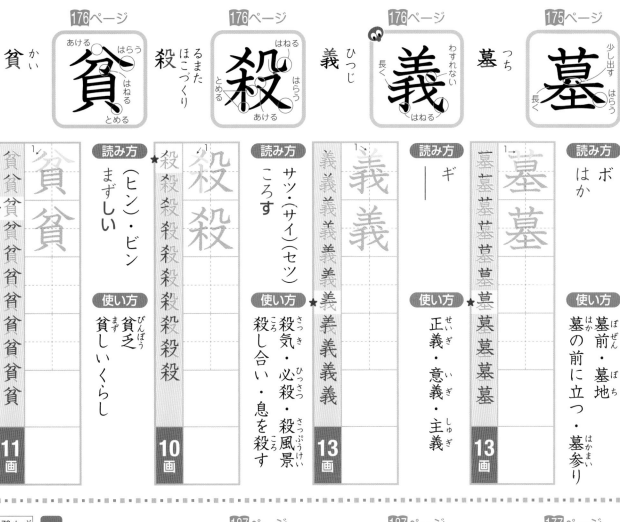

175ページ

墓　つち

少し出す　長く　はらう

読み方

ボ
はか

使い方

墓前《ぼぜん》・墓地《ぼち》
墓《はか》の前に立つ・墓参《はかまい》り

13画

176ページ

義　ひつじ

わすれない　長く　はねる

読み方

ギ
—

使い方

正義《せいぎ》・意義《いぎ》・主義《しゅぎ》

13画

176ページ

殺　るまた　ほこづくり

はねる　とめる　はらう　あける

読み方

サツ・(サイ)(セツ)
ころす

使い方

殺気《さっき》・必殺《ひっさつ》・殺風景《さっぷうけい》
殺《ころ》し合い・息を殺《ころ》す

10画

176ページ

貧　かい

あける　はらう　はねる　とめる

読み方

(ヒン)・ビン
まずしい

使い方

貧乏《びんぼう》
貧《まず》しいくらし

11画

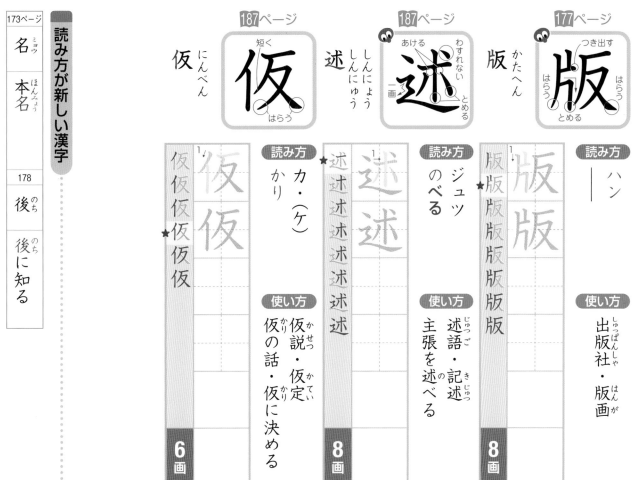

177ページ

版　かたへん

つき出す　はらう　はらう　とめる

読み方

ハン
—

使い方

出版社《しゅっぱんしゃ》・版画《はんが》

8画

187ページ

述　しんにょう　しんにゅう

あける　わすれない　一画　とめる

読み方

ジュツ
のべる

使い方

述語《じゅつご》・記述《きじゅつ》
主張を述《の》べる

8画

187ページ

仮　にんべん

短く　はらう

読み方

カ・(ケ)
かり

使い方

仮説《かせつ》・仮定《かてい》
仮《かり》の話・仮《かり》に決める

6画

読み方が新しい漢字

173ページ	名《ミョウ》　本名《ほんみょう》
178	後《のち》　後《のち》に知る

ものしりメモ　「仮」は、「かり」と訓読みで読むときには、送り仮名《がな》は付かないよ。「仮の話」を「仮りの話」などと書かないように注意しよう。

練習のワーク

やなせたかし――アンパンマンの勇気
あなたは、どう考える

教科書 171～189ページ

答え 5ページ

勉強した日　　月　　日

1 新しい漢字を読みましょう。

171ページ
① 本名（　　）を名乗る。
② おじ夫婦（　　）の家。
③ 命を救（　　）う。
④ 本格的（　　）に勉強する。
⑤ 会社に就《しゅう》職（　　）する。
⑥ 歩いて移動（　　）する。
⑦ 墓（　　）の前に立つ。
⑧ 正義（　　）の味方。
⑨ 殺（　　）し合いをなくす。
⑩ 貧（　　）しい生活。
⑪ 出版社（　　）に作品を送る。
⑫ 後（　　）に有名になる。

184ページ
⑬ 主張を述（　　）べる。
⑭ 仮（　　）に雨天だとしても、決行する。

ここからはってん
✿⑮ けが人を救助（　　）する。
✿⑯ 席を移（　　）る。
✿⑰ 墓地（　　）を歩く。
✿⑱ 殺風景（　　）な部屋。
✿⑲ 貧乏《ぼう》（　　）に負けない。
✿⑳ 意見を記述（　　）する。
✿㉑ 仮説（　　）を立てる。

✿の漢字は新出漢字の別の読み方です。

2 新しい漢字を書きましょう。〔　〕は、送りがなも書きましょう。

1 171ページ □□《ほんみょう》を明かす。

2 仲のいい□□《ふうふ》。

3 あぶない場面から〔　　〕《すくう》。

4 □□□《ほんかくてき》な料理。

5 就《しゅう》□《しょく》が決まる。

6 家具を□□《いどう》させる。

7 □《はか》をそうじする。

8 □□《せいぎ》が勝つ。

9 息を〔　　〕《ころす》。

10 〔　　〕《まずしい》身なり。

11 □□□《しゅっぱんしゃ》で働く。

12 □《のち》の世に語りつがれる。

13 184ページ 意見を〔　　〕《のべる》。

14 □《かり》の話をする。

ここからはってん

✿15 消防隊員が□□《きゅうじょ》する。

✿16 お寺の□□《ぼち》。

✿17 □□□《さっぷうけい》な町なみ。

✿18 □□《きじゅつ》問題に答える。

3 漢字で書きましょう。（〰は、送りがなも書きましょう。太字は、この回で習った漢字を使った言葉です。）

1 **ふうふ**で**せんぞ**の**はか**にまいる。

2 まずしいの**うみん**をすくう。

3 **しゅっぱんしゃ**の**しゅうしょく**しけん。

冬休み まとめのテスト①

教科書 104～189ページ
答え 6ページ

時間 20分

得点 /100点

勉強した日 月 日

1 ―線の漢字の読み方を書きましょう。 一つ2（28点）

① 説得力（　）のある主張（　）をする。

② 新聞記事に興味（　）を示（　）す。

③ 家計を支（　）えるために真面目（　）に働く。

④ 市役所の所在地（　）を検索《さく》（　）する。

⑤ 健康を保（　）つための条件（　）を挙げる。

⑥ 作品に対するかれの評価（　）に賛成（　）する。

⑦ 山野草の採集（　）を禁止（　）する。

2 □は漢字を、（　）は漢字と送り仮名《がな》を書きましょう。 一つ2（28点）

① 高さを（　）《くらべる》。

② □□《せいじ》を学ぶ。

③ □□《こじん》で動く。

④ 山道で（　）《まよう》。

⑤ （　）《ひとり》言。

⑥ □□□《べんとうばこ》。

⑦ 料理を□《てい》供《きょう》する。

⑧ 右に（　）《よる》。

⑨ 百人（　）《あまり》。

⑩ 手を（　）《かす》。

⑪ 夫と□《つま》。

⑫ 説明の□□《しょうりゃく》。

⑬ □□《しょうじょ》の絵。

⑭ □□□《かのうせい》。

3 ——線の言葉を、漢字と送り仮名で書きましょう。

一つ2（10点）

① 季節がうつる。

② 会う機会をもうける。

③ 品物の種類がふえる。

④ 各自の判断にまかせる。

⑤ 失敗をせめる。

4 ——線の形が似ていて同じ音《おん》読みをする漢字を、□に書きましょう。

一つ3（12点）

①
1 組しきに入る。
2 色をしき別する。

②
1 本を出ぱんする。
2 肉を鉄ぱんで焼く。

5 例にならって、□にあてはまる漢字を書き、それぞれ四つの熟《じゅく》語を作りましょう。

一つ5（15点）

〈例〉
時↑ 日 ↓休
来→ 日 ←初

①
仮↓ □ ↓備
定← □ →置

②
念↓ □ ↓像
心← □ →教

③
音↓ □ ↑日
度← □ ←工

6 次の漢字の——線の読み方を書きましょう。

一つ1（7点）

① 混
1 駅前が混雑している。（　　）
2 買い物客で混み合う。（　　）

② 生
1 海には多くの生物がいる。（　　）
2 生物を早めに調理する。（　　）

③ 名
1 住所と氏名を記入する。（　　）
2 新入生の名前を覚える。（　　）
3 有名人が本名で活動する。（　　）

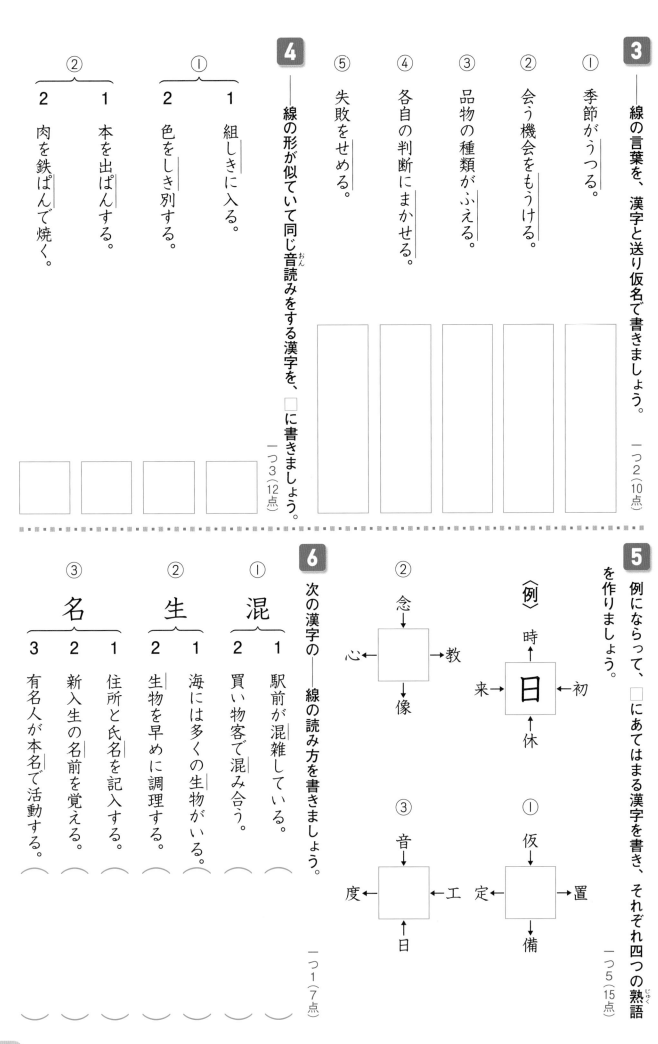

冬休み まとめのテスト②

教科書 104～189ページ　答え 6ページ　時間 20分

得点 /100点　勉強した日 月 日

1 ――線の漢字の読み方を書きましょう。 一つ2（28点）

① 人口の分布の統計をとる。

② 重要文化財を大切に保護する。

③ 責任をもって証人をつとめる。

④ 二酸化炭素のさくげん目標を設定する。

⑤ こん虫博士を教授としてむかえる。

⑥ 貯金のおよその額を教える。

⑦ 本格的に就《しゅう》職活どうを始める。

2 □は漢字を、（　）は漢字と送りがなを書きましょう。 一つ2（28点）

① 成長の□□《かてい》。

② （　　）《ゆたか》な自然。

③ □□《しんりん》が広がる。

④ □□《さんみゃく》が連なる。

⑤ □□《そしき》に属する。

⑥ □□《けんちく》の現場。

⑦ □□《しんがた》のテレビ。

⑧ □□《けつえき》の流れ。

⑨ □□《いどう》手段《だん》。

⑩ 先祖の□《はか》。

⑪ 息を（　　）《ころす》。

⑫ （　　）《まずしい》国。

⑬ □□□《しゅっぱんしゃ》。

⑭ □《かり》の題名を付ける。

3 ――線の言葉を、漢字と送りがなで書きましょう。 一つ2（12点）

① 絵の具をまぜる。

② ふたたび話し合いをする。

③ 家でゆっくりすごす。

④ 人間関係をきずく。

⑤ 多くの人をすくう。

⑥ 感想をのべる。

4 次の言葉と反対の意味の言葉になるように、□に漢字を書きましょう。 一つ2（8点）

① 増加 ↔ □少

② 反対 ↔ □成

③ 応用 ↔ □本

④ 新式 ↔ □式

5 同じ読み方をする漢字や言葉を、□に書きましょう。 一つ2（16点）

①
1 □《こ》人旅行。
2 □《こ》人をしのぶ。

②
1 航海中の□□《きこう》地。
2 □□《きこう》文。

③
1 □《ふ》人服。
2 会長□《ふ》人。

④
1 薬の□□《こうか》。
2 □□《こうか》な時計。

6 次の漢字と似た意味をもつ漢字を□から選んで□に書き、熟《じゅく》語を作りましょう。（　）にはその熟語の読み方を書きましょう。 一つ1（8点）

① 意□（　　）

② □査（　　）

③ 規□（　　）

④ 養□（　　）

義　則　護　検

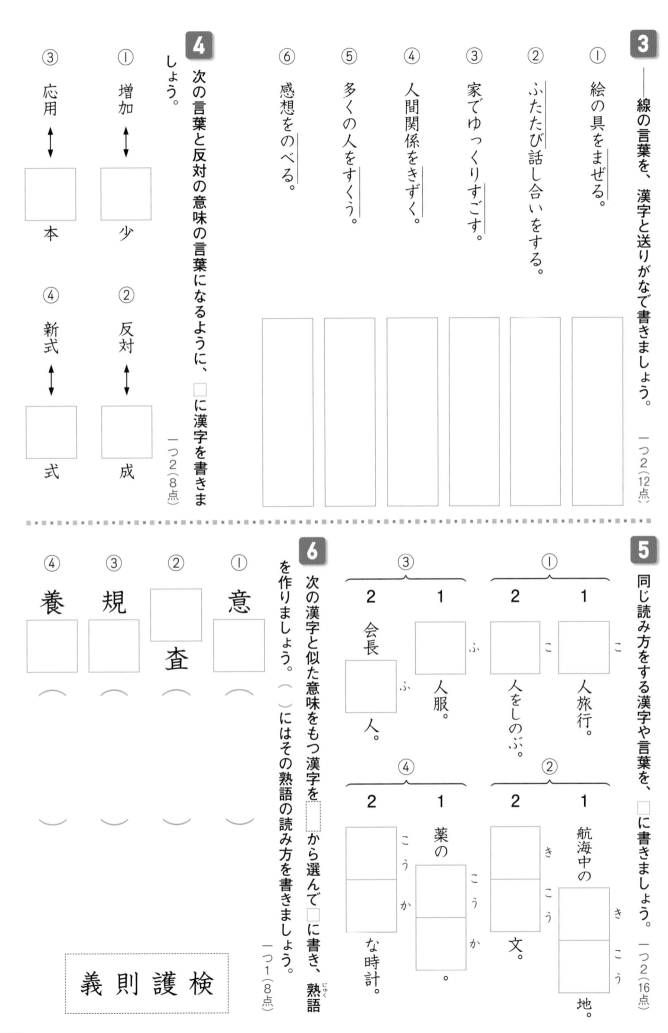

基本のワーク

熟語《じゅく》の読み方　漢字の広場⑤

教科書 196～198ページ

勉強した日　月　日

◆「読み方」の赤い字は教科書で使われている読みです。🐦はまちがえやすい漢字です。

熟語の読み方

196ページ　飼（しょくへん　飼）
とめる　はねる
読み方：シ／かう
使い方：飼育《しいく》・飼料《しりょう》／うさぎを飼《か》う
13画

196ページ　綿（いとへん　綿）
はらう　とめる　はねる
読み方：メン／わた
使い方：綿花《めんか》・綿糸《めんし》／綿毛《わたげ》・綿《わた》あめ
14画

196ページ　居（しかばね・かばね　居）
はらう　長く
読み方：キョ／いる
使い方：住居《じゅうきょ》・転居《てんきょ》／居間《いま》・家に居《い》る
8画

197ページ　永（みず　永）
あける　はらう　はねる
読み方：エイ／ながい
使い方：永久《えいきゅう》・永遠《えいえん》・永住《えいじゅう》／末永《すえなが》い幸せ
5画

197ページ　久（の・はらいぼう　久）
はらう
読み方：キュウ・（ク）／ひさしい
使い方：永久《えいきゅう》・持久力《じきゅうりょく》／久《ひさ》しぶり
3画

「久」を使った言葉。

「永久」は、「永」(いつまでも続く)と、「久」(時間がながい)を組み合わせてできた言葉で、「いつまでも限りなく続くこと」という意味を表すよ。似た意味の言葉に「永遠」があるよ。

筆順 1 2 3 4 5　（まちがえやすいところ）…★

197ページ

毒

なかれ はは
ははのかん

毒

長く・一画・はねる

読み方

ドク

—

使い方

消毒《しょうどく》・毒薬《どくやく》・有毒《ゆうどく》

8画

197ページ

営

つかんむり

営

はねる・下を大きく

読み方

エイ

いとなむ

使い方

営業《えいぎょう》・運営《うんえい》・経営《けいえい》

くらしを営《いとな》む

12画

197ページ

犯

けものへん

犯

つき出さない・はねる・はねる

読み方

ハン

（おかす）

使い方

防犯《ぼうはん》・犯罪《はんざい》・犯人《はんにん》

5画

197ページ

講

ごんべん

講

あける・つき出す・はねる

読み方

コウ

—

使い方

講師《こうし》・講演《こうえん》・講義《こうぎ》

17画

197ページ

師

はば

師

つき出さない・はねる

読み方

シ

—

使い方

講師《こうし》・医師《いし》・教師《きょうし》

10画

漢字の意味。

「師」には、いろいろな意味があるよ。

①先生。教えみちびく人。 例 教師・講師・牧師

②特別な技術をもつ人。 例 技師・漁師・美容師

漢字の意味

197ページ

精

こめへん

精

一番長く・はねる・とめる

読み方

セイ・（ショウ）

—

使い方

精力的《せいりょくてき》・精神《せいしん》・精通《せいつう》

14画

特別な読み方をする言葉

197ページ	197	197
清水	川原	河原
しみず	かわら	
197	197	197
八百屋	果物	迷子
やおや	くだもの	まいご
197	197	
眼鏡	下手	
めがね	へた	

ものしりメモ

「講」と同じ読み方で形の似ている漢字に「構」があるよ。「講」は「言」（ことば）＋「冓」（組み合わせる）で「話す」、「構」は「木」＋「冓」で「組み立てる」という意味を表すよ。

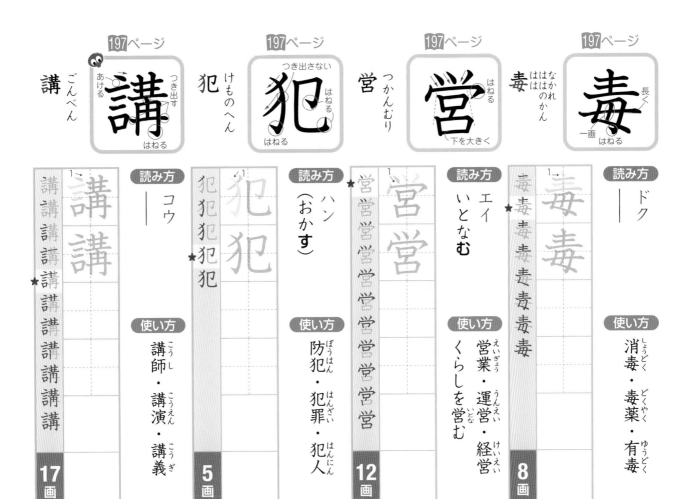

練習のワーク

熟《じゅく》語の読み方
漢字の広場⑤

教科書 196～198ページ
答え 6ページ

勉強した日　月　日

1 新しい漢字を読みましょう。

① (196ページ) うさぎを飼育する。
② たんぽぽの綿毛。
③ 居間に集まる。
④ 永久に変わらない。
⑤ 清水がわく。
⑥ 川原で遊ぶ。
⑦ 河原を歩く。
⑧ 手を消毒する。
⑨ 八百屋さんで野菜を買う。
⑩ 元日も営業する。
⑪ 果物を食べる。
⑫ 弟が迷子になる。
⑬ 虫眼鏡で見る。
⑭ 防犯をよびかける。

⑮ 英会話教室の講師。
⑯ 精力的に研究する。
⑰ かたづけるのが下手だ。
✿⑱ ここから はってん ハムスターを飼う。
✿⑲ 綿花をさいばいする。
✿⑳ 住居を移す。
✿㉑ 後世に永く名を残す。

✿の漢字は新出漢字の別の読み方です。

✿22 久（　　）しぶりに会う。

✿23 飲食店を営（　　）む。

2 新しい漢字を書きましょう。

1 196ページ かめを□□《しいく》する。

2 □□《わたげ》が飛ぶ。

3 □□《いま》でくつろぐ。

4 □□《えいきゅう》に残る。

5 □□《しみず》を手ですくう。

6 □□《かわら》でキャンプをする。

7 きず口を□□《しょうどく》する。

8 近くの□□□《やおや》さん。

9 八時まで□□《えいぎょう》する店。

10 □□《くだもの》の皮をむく。

11 □□《まいご》が見つかる。

12 □□《めがね》をかける。

13 □□《ぼうはん》ベルを鳴らす。

14 大学で□□《こうし》をつとめる。

15 □□□《せいりょくてき》に働く。

16 □□《へた》な絵。

ここからはってん

✿17 室内でねこを□《か》う。

✿18 □□《めんか》を育てる。

✿19 □□《じゅうきょ》を定める。

✿20 □《ひさ》しぶりにおとずれる。

✿21 静かなくらしを□《いとな》む。

3 漢字で書きましょう。（〰は、送り仮名《がな》も書きましょう。太字は、この回で習った漢字を使った言葉です。）

1. あいけんを**しいく**する。
2. しろい**わたげ**がとぶ。
3. **いま**でかぞくとすごす。
4. **えいきゅう**のへいわをねがう。
5. つめたい**しみず**をのむ。
6. **かわら**で**まいご**をほごする。
7. ねっとうで**しょうどく**する。
8. **やおや**さんでだいこんをかう。
9. しゅくじつも**えいぎょう**する。
10. しょくごに**くだもの**をたべる。
11. **めがね**をしんちょうする。
12. **ぼうはん**につとめる。
13. きょうしつに**こうし**をまねく。
14. **せいりょくてき**にかつどうする。
15. **へた**なじをなおす。

4 漢字の広場

四年生で習った漢字を書きましょう。〔 〕は、送り仮名も書きましょう。

❶ □□《がいとう》が道を照らす。

❷ 魚が□□《せいりゅう》を泳ぐ。

❸ □□□《もくてきち》に着く。

❹ 〔　〕《あさい》川。

❺ □□《ぼくじょう》で馬に乗る。

❻ 家の□□《ふきん》を通る。

❼ 小さな□□□《やさいばたけ》。

❽ 道路の□□《りょうがわ》。

❾ 庭の□《まつ》の木。

❿ □□《みんか》がならぶ。

⓫ 大きな□□《たてもの》。

⓬ 〔　〕《ひくい》ビル。

⓭ □□《もくざい》を運ぶ。

⓮ □□《そうこ》にしまう。

⓯ □□□□《いりょうひんてん》。

⓰ □□□《はくぶつかん》に行く。

⓱ □□□《いんさつじょ》で働く。

⓲ 信号を□□《うせつ》する。

⓳ □□□《こうさてん》をわたる。

⓴ □□□□《りくじょうきょうぎ》場。

㉑ 駅前の□□□《ひゃっかてん》。

㉒ □□《とほ》で学校に通う。

㉓ □□《かいさつ》を通る。

基本のワーク

想像力のスイッチを入れよう
複合語

教科書 199～212ページ

勉強した日 月 日

◆「読み方」の赤い字は教科書で使われている読みです。はまちがえやすい漢字です。

想像力のスイッチを入れよう

慣 202ページ
慣 りっしんべん
（×毋 とめる）
読み方
カン
なれる・ならす
使い方
習慣《しゅうかん》・慣例《かんれい》・慣用句《かんようく》
新居に慣《な》れる
14画

囲 204ページ
囲 くにがまえ
（下を長く はらう とめる）
読み方
イ
かこむ・かこう
使い方
周囲《しゅうい》・包囲《ほうい》
丸で囲《かこ》む・へいで囲《かこ》う
7画

益 205ページ
益 さら
（はらう 長く）
読み方
エキ・（ヤク）
―
使い方
不利益《ふりえき》・有益《ゆうえき》
10画

複合語

災 206ページ
災 ひ
（はらう）
読み方
サイ
（わざわい）
使い方
災害《さいがい》・火災《かさい》・防災《ぼうさい》
7画

漢字のでき方。
災
巛…「わざわい」を表す。
火…「火」を表す。
「火によるわざわい・自然のわざわい」を表すよ。

でき方

枝 211ページ
枝 きへん
（とめる はらう）
読み方
（シ）
えだ
使い方
枝分《えだわ》かれ・小枝《こえだ》
8画

211ページ

費

費 かい

読み方
ヒ
（つい**やす**）（つい**える**）

使い方
消費税《しょうひぜい》・費用《ひよう》・会費《かいひ》

12画

211ページ

税

税 のぎへん

読み方
ゼイ
―

使い方
消費税《しょうひぜい》・税金《ぜいきん》

12画

漢字のでき方。

税
兌…「ぬきとる」ことを表す。
禾…「いね」を表す。
国などにおさめる「税金」の意味だよ。昔は税金として米などをおさめていたんだ。

でき方

211ページ

制

制 りっとう

読み方
セイ
―

使い方
法制度《ほうせいど》・制服《せいふく》・体制《たいせい》

8画

211ページ

衛

衛 ぎょうがまえ ゆきがまえ

読み方
エイ
―

使い方
人工衛星《じんこうえいせい》・衛生《えいせい》

16画

211ページ

耕

耕 すきへん

読み方
コウ
たがや**す**

使い方
農耕地帯《のうこうちたい》・耕作《こうさく》・耕地《こうち》
畑を耕《たがや》す

10画

211ページ

損

損 てへん

読み方
ソン
（そこ**なう**）（そこ**ねる**）

使い方
損害保険《そんがいほけん》・損失《そんしつ》・破損《はそん》

13画

「損」を使った言葉。

損害《そんがい》…損＋害
（似た意味をもつ漢字の組み合わせ）
損得《そんとく》…損＋得
（反対の意味をもつ漢字の組み合わせ）

覚えよう!

ものしりメモ

「益」は、皿から水があふれ出る様子からできた漢字で、「ふえる・もうける」という意味を表すよ。他にも「役に立つ」という意味もあるよ。

211ページ

粉 こめへん

あける　とめる　はねる

読み方

フン

こ・こな

10画

使い方

粉末《ふんまつ》・花粉《かふん》

小麦粉《こむぎこ》・粉《こな》ミルク

212ページ

均 つちへん

はねる

読み方

キン

―

7画

使い方

平均《へいきん》・均等《きんとう》

212ページ

輸 くるまへん

はらう　とめる　はねる

読み方

ユ

―

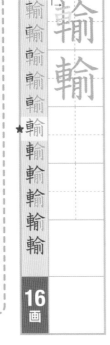

16画

使い方

輸入《ゆにゅう》・輸出《ゆしゅつ》・輸送《ゆそう》

反対の意味の言葉。

輸入《ゆにゅう》…外国の産物や製品などを、自国へ買い入れること。

輸出《ゆしゅつ》…自国の産物や製品などを、外国に売り出すこと。

覚えよう！

212ページ

団 くにがまえ

長く　はねる

読み方

ダン・（トン）

―

6画

使い方

少年団《しょうねんだん》・団結《だんけつ》・集団《しゅうだん》

212ページ

務 ちから

はねる　わすれない　はらう　はねる

読み方

ム

つとめる・つとまる

11画

使い方

事務《じむ》・義務《ぎむ》・任務《にんむ》

主役を務《つと》める

同じ読み方の漢字。

務《つと》める…自分の役目を果たす。

例 会長を務める。相手を務める。

努《つと》める…力をつくす。努力する。

例 解決に努める。

注意！

読み方が新しい漢字

211ページ	211	211	211	212	212
魚《うお》	正《まさ》	歩《あゆむ》	合《カッ》	船《ふな》	角《つの》
魚市場《うおいちば》	正夢《まさゆめ》	歩《あゆ》み寄る	雪合戦《ゆきがっせん》	船旅《ふなたび》	角笛《つのぶえ》

ものしりメモ

「輸」の部首は「車」（くるまへん）。物を運ぶ車や、車のように回るものに関係のある漢字に付くよ。同じ部首の漢字には、他に「軽」「転」「輪」などがあるよ。

事例と意見の関係をおさえて読み、考えたことを伝え合おう

練習のワーク

想像力のスイッチを入れよう
複合語

教科書 199～212ページ

答え 7ページ

勉強した日　月　日

1 新しい漢字を読みましょう。

① (199ページ) 考える習慣（　　）をつける。

② 周囲（　　）が暗い。

③ 不利益（　　）を受ける。

④ 災害（　　）が起こる。

⑤ (211ページ) 魚市場（　　）で働く。

⑥ 正夢（　　）になる。

⑦ 道が枝（　　）分かれする。

⑧ おたがいに歩（　　）み寄る。

⑨ 消費税（　　）をはらう。

⑩ 法制度（　　）を学ぶ。

⑪ 人工衛星（　　）の打ち上げ。

⑫ 農耕地帯（　　）が広がる。

⑬ 損害保険（　　）に加入する。

⑭ 弟と雪合戦（　　）をする。

⑮ 粉（　　）ミルクを飲む。

⑯ 平均（　　）タイムを上回る。

⑰ フルーツを輸入（　　）する。

⑱ 少年団（　　）で活動する。

⑲ 事務（　　）手続きを行う。

⑳ 船旅（　　）に出る。

㉑ 角笛（　　）をふく。

ここからはってん

✿22 仕事に慣（　　）れる。

✿23 周りを囲（　　）む。

✿24 畑の土を耕（　　）す。

✿25 粉末（　　）の薬。

✿26 小麦粉（　　）を使ったパン。

✿27 司会を務（　　）める。

2 新しい漢字を書きましょう。〔　〕は、送り仮名《がな》も書きましょう。

1 199ページ 早起きの□□《しゅうかん》がつく。

2 湖の□□《しゅうい》に花がさく。

3 □□□《ふりえき》な結果。

4 □□《さいがい》にそなえる。

5 211ページ □□□《うおいちば》を見学する。

6 □□《まさゆめ》を見る。

7 □《えだ》分かれした道を右にすすむ。

8 解決に向けて〔　　〕《あゆみ》寄る。

9 □□□《しょうひぜい》をふくむ。

10 □□□《ほうせいど》が変わる。

11 □□□□《じんこうえいせい》。

12 □□□□《のうこうちたい》。

13 □□□□《そんがいほけん》。

14 □□□《ゆきがっせん》で勝つ。

15 □《こな》ミルクをとかす。

16 一日□□《へいきん》八時間ねる。

17 石油を□□《ゆにゅう》する。

18 □□□《しょうねんだん》の一員。

✿の漢字は新出漢字の別の読み方です。

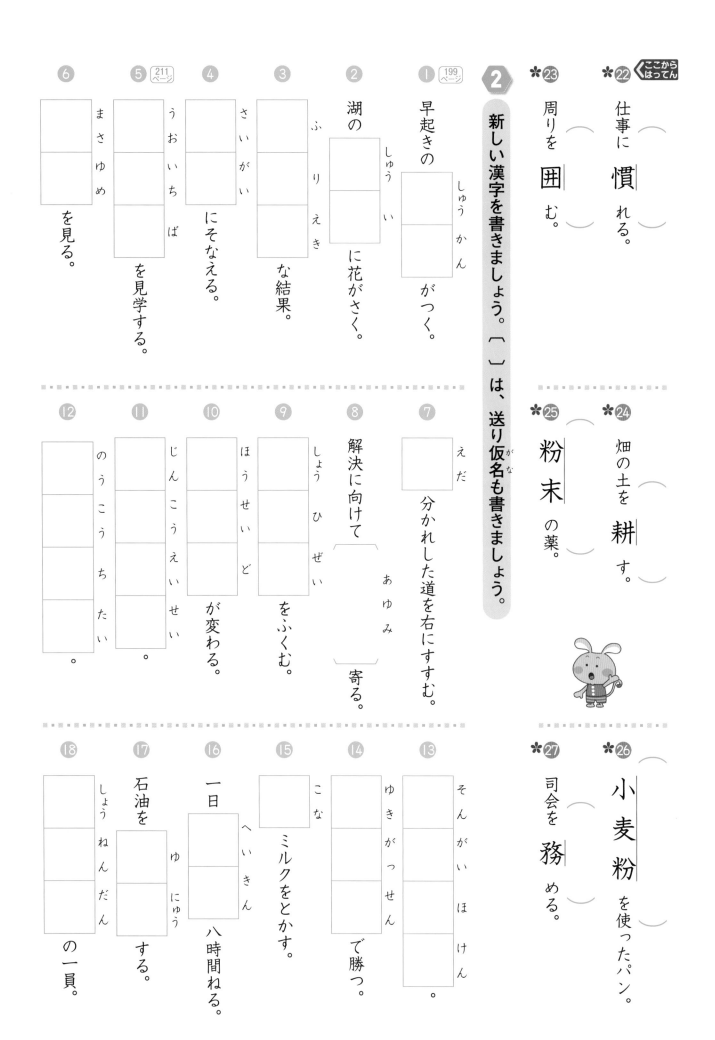

⑲ □□《じむ》の仕事をする。

⑳ 長い□□《ふなたび》が終わる。

㉑ □□《つのぶえ》で羊をよぶ。

ここからはってん

✿㉒ 新しい学校に□《な》れる。

✿㉓ つくえを□《かこ》む。

✿㉔ 田畑を□《たがや》す。

✿㉕ □□《ふんまつ》の石けんを使う。

✿㉖ □□□《こむぎこ》を入れる。

✿㉗ げきの主役を□《つと》める。

3 漢字で書きましょう。（〰は、送り仮名も書きましょう。太字は、この回で習った漢字を使った言葉です。）

① わるい **しゅうかん**をなおす。

② **しゅうい**のきたいにこたえる。

③ **さいがい**からのふっこうがすすむ。

④ どうろが**えだ**わかれする。

⑤ **しょうひぜい**をふくむきんがく。

⑥ **ほうせいど**のせいびをおこなう。

⑦ **じんこうえいせい**からちきゅうをみる。

⑧ **こな**ミルクを**ゆにゅう**する。

⑨ とくてんが**へいきん**をうわまわる。

登場人物の心情の変化に着目して読み、物語のみりょくを伝え合おう

基本のワーク

大造《だいぞう》じいさんとガン
漢字の広場⑥

教科書 227～249ページ

勉強した日　月　日

◆「読み方」の赤い字は教科書で使われている読みです。●はまちがえやすい漢字です。

大造じいさんとガン

快　りっしんべん　229ページ

読み方：カイ／こころよい

使い方：愉快《ゆかい》・快晴《かいせい》／快《こころよ》い音楽

7画

燃　ひへん　229ページ

読み方：ネン／もえる・もやす／もす

使い方：燃費《ねんぴ》・燃料《ねんりょう》／紙が燃《も》える・木を燃《も》す

16画

率　げん　229ページ

読み方：（ソツ）・リツ／ひきいる

使い方：確率《かくりつ》・倍率《ばいりつ》／群れを率《ひき》いる

11画

領　おおがい　229ページ

読み方：リョウ／—

使い方：頭領《とうりょう》・領地《りょうち》・領土《りょうど》

14画

導　すん　233ページ

読み方：ドウ／みちびく

使い方：指導《しどう》・導火線《どうかせん》／出口へ導《みちび》く

15画

堂　つち　242ページ

読み方：ドウ／—

使い方：堂々《どうどう》・食堂《しょくどう》・議事堂《ぎじどう》／正々堂々《せいせいどうどう》

11画

筆順 1 2 3 4 5　まちがえやすいところ…★

登場人物の心情の変化に着目して読み、物語のみりょくを伝え合おう

練習のワーク

大造《だいぞう》じいさんとガン
漢字の広場⑥

教科書 227〜249ページ
答え 7ページ

勉強した日　月　日

1 新しい漢字を読みましょう。

① 227ページ 愉《ゆ》快（　　）な話をする。

② 丸太が燃（　　）える。

③ 群れを率（　　）いる。

④ 頭領（　　）らしいふるまい。

⑤ 仲間を指導（　　）する。

⑥ 堂々（　　）とした様子。

ここからはってん

✿⑦ 快（　　）い音色。

✿⑧ 車の燃料（　　）。

✿⑨ 確率（　　）が高い。

✿⑩ 正しい方向へ導（　　）く。

2 新しい漢字を書きましょう。〔　〕は、送り仮名《がな》も書きましょう。

① 227ページ 愉《ゆ》□《かい》な絵本。

② 火が〔　　〕《もえる》。

③ 生徒を〔　　〕《ひきいる》。

④ □□《とうりょう》にしたがう。

⑤ 下級生を□□《しどう》する。

⑥ □□《どうどう》と行進する。

✿の漢字は新出漢字の別の読み方です。

ここからはってん

✿7 □《こころよ》い音楽。

✿8 □□《ねんりょう》が不足する。

✿9 □□《かくりつ》が低い。

✿10 小さな子を□《みちび》く。

3 漢字で書きましょう。（〰は、送り仮名《がな》も書きましょう。太字は、この回で習った漢字を使った言葉です。）

1 なかまと**ゆかい**なじかんをすごす。

2 ひがいきおいよく**もえる**。

3 ぶしのしゅうだんを**ひきいる**。

4 とうりょうがえんぜつする。

5 じどうをねっしんに**しどう**する。

6 **どうどう**としたたいど。

4 漢字の広場　四年生で習った漢字を書きましょう。〔　〕は、送り仮名も書きましょう。

1 今後の□□《かだい》。

2 □□《だいじん》になる。

3 意見を〔　　〕《もとめる》。

4 □□《こうがい》の発生を防ぐ。

5 □□□□《こっかいぎいん》。

6 □□《せんきょ》活動をする。

⑦ よく考えて□□《とうひょう》する。

⑧ □□《みらい》について語る。

⑨ □□《しぜん》を守る。

⑩ □□《ぐんて》をはめる。

⑪ 木に□□《すばこ》を取り付ける。

⑫ 音楽に□□《かんしん》をもつ。

⑬ □□□《ひこうき》に乗る。

⑭ □□《さくや》から雨がふり続く。

⑮ 台風で□□《けつびん》が相次ぐ。

⑯ 大型の□□《きかい》を使う。

⑰ 製品が□□《かんせい》する。

⑱ 光を「　」《あびる》。

⑲ □□《しょうめい》を消す。

⑳ 感動して「　」《なく》。

㉑ 体の□□《きかん》。

㉒ 病気を「　」《なおす》。

㉓ □《おっと》の□□《きょうりょく》を得る。

㉔ けんび□《きょう》で見る。

㉕ □《しろ》を築く。

㉖ □《しか》が公園を歩く。

㉗ □□《ぜっけい》が広がる。

㉘ □□《ろうじん》と□《まご》。

㉙ □□《まんかい》の□《うめ》。

㉚ □□□《にっこうよく》をする。

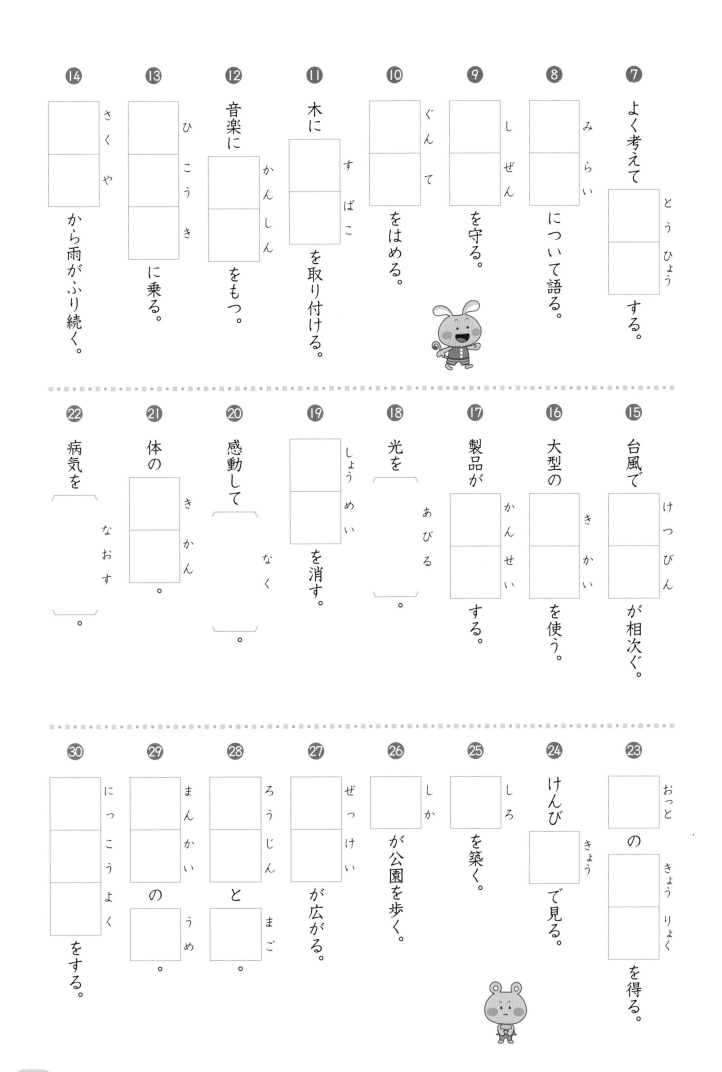

5年 仕上げのテスト①

答え 8ページ

時間 20分

得点 　　/100点

勉強した日 　月　日

1

――線の漢字の読み方を書きましょう。 一つ2（28点）

① （　　）居間で熱帯魚を（　　）飼育する。

② （　　）川原でたんぽぽの（　　）綿毛を見つける。

③ 手の（　　）消毒が（　　）習慣になる。

④ （　　）災害から（　　）農耕地帯を守る。

⑤ （　　）粉ミルクに（　　）消費税がかかる。

⑥ （　　）損害保険加入の（　　）事務手続き。

⑦ （　　）頭領が（　　）堂々とふるまう。

2

□は漢字を、（　）は漢字と送り仮名《がな》を書きましょう。 一つ2（28点）

① □□《えいきゅう》に続く。

② □□《えいぎょう》する。

③ □□《ぼうはん》カメラ。

④ 大学の□□《こうし》。

⑤ □□《しゅうい》を見る。

⑥ □□《ふりえき》。

⑦ （　　　《あゆみ》）寄る。

⑧ □□□《ほうせいど》。

⑨ 人工□□《えいせい》。

⑩ □□《へいきん》の数。

⑪ □□□《しょうねんだん》。

⑫ 愉《ゆ》□《かい》な話。

⑬ まきが（　　　《もえる》）。

⑭ 先生の□□《しどう》。

3 ――線の言葉を、漢字と送り仮名で書きましょう。

一つ2（12点）

① 飲食店をいとなむ。 □

② こころよく引き受ける。 □

③ チームをひきいる。 □

④ 仲間をみちびく。 □

⑤ 会えなくなってひさしい。 □

⑥ さくでかこむ。 □

4 ――線の漢字の読み方のうち、それぞれ他とはことなるものに○をつけましょう。

一つ2（6点）

① ア（　　）正午　イ（　　）正月
　 ウ（　　）正夢　エ（　　）正直

② ア（　　）合唱　イ（　　）合戦
　 ウ（　　）合作　エ（　　）合宿

③ ア（　　）船旅　イ（　　）船底
　 ウ（　　）湯船　エ（　　）船乗り

5 形の似ている漢字に気をつけて、□に漢字を書きましょう。

一つ2（16点）

①
1 □《せい》服を着る。
2 新しい□《せい》品。

②
1 自転車の車□《りん》。
2 海外へ□《ゆ》出する。

③
1 □《ぎ》術をみがく。
2 小□《えだ》が折れる。

④
1 妹の□《そつ》園式。
2 高い倍□《りつ》。

6 次の熟《じゅく》語の読み方の組み合わせをア〜エから選び、（　）に記号を書きましょう。

一つ2（10点）

① 角笛（　　）

② 精神（　　）

③ 夕刊（　　）

④ 新型（　　）

⑤ 手帳（　　）

ア 音読みと音読み。

イ 訓読みと訓読み。

ウ 上の漢字が音読み、下の漢字が訓読み。

エ 上の漢字が訓読み、下の漢字が音読み。

5年 仕上げのテスト②

答え 8ページ

時間 20分

得点　/100点

勉強した日　月　日

1

――線の漢字の読み方を書きましょう。 一つ1（14点）

① 貿易（　）に必要な許可（　）を取る。

② 祖父母（　）に昔のことを質問（　）する。

③ 歴史（　）にくわしい人を講師に招（　）く。

④ 調査（　）の結果から総合的（　）に判断する。

⑤ ヨットでの航海（　）に興味（　）をいだく。

⑥ 千人余（　）りの来場者で混雑（　）する。

⑦ 事故（　）現場からけが人を救（　）う。

2

□は漢字を、（　）は漢字と送り仮名《がな》を書きましょう。 一つ2（28点）

① 強い□□《いんしょう》。

② 受賞を（　）《よろこぶ》。

③ 最新の□□《ぎじゅつ》。

④ □□《こうず》を決める。

⑤ □□《じゅんび》が整う。

⑥ □□《せいけつ》にする。

⑦ □□《ほうこく》を聞く。

⑧ 形が（　）《にる》。

⑨ □□《ちょくせつ》言う。

⑩ □□《ひりょう》をまく。

⑪ 言葉で（　）《しめす》。

⑫ □□《しょうりゃく》する。

⑬ 動物の□□《ほご》。

⑭ 生活□□《しゅうかん》。

⑫愛犬と散歩する。
⑬清潔な衣服を用意する。

きいて、きいて、きいてみよう

15ページ 練習のワーク

❶
①しつもん ②ほうこく ③しょぞく
④たし ⑤いしき ⑥つ ⑦せいかく

❷
①質問 ②報告 ③所属 ④確かめる
⑤意識 ⑥告 ⑦正確

見立てる／言葉の意味が分かること／原因と結果／敬語

19～21ページ 練習のワーク

❶
①げんいん ②せいぶ ③まるた ④つく
⑤に ⑥かぎ ⑦りゅうがくせい
⑧ひょうげん ⑨ちょくせつ ⑩おう
⑪おおぜい ⑫ひょうが ⑬れきし
⑭しんかんせん ⑮まね ⑯もくぞう
⑰きげん ⑱るすばん ⑲と ⑳あらわ
㉑こた ㉒いきお ㉓かわ ㉔みき
㉕しょうたい

❷
①原因 ②西部 ③丸太 ④造る ⑤似る
⑥限る ⑦留学生 ⑧表現 ⑨直接 ⑩応
⑪大勢 ⑫氷河 ⑬歴史 ⑭新幹線
⑮招く ⑯木造 ⑰期限 ⑱留 ⑲現
⑳応 ㉑勢 ㉒幹 ㉓招待

❸
①問題の原因を究明する。
②インド西部からの留学生。
③父親に顔が似る。 ④入場人数を限る。
⑤気持ちを直接表現する。
⑥相手の要求に応じる。
⑦大勢の人を招く。
⑧氷河の写真を見る。
⑨新幹線の歴史を調べる。

日常を十七音で／漢字の広場①／古典の世界(一)／目的に応じて引用するとき

24・25ページ 練習のワーク

❶
①く ②にちじょう ③じゅんじょ
④こてん ⑤ぶし ⑥しりょう
⑦ちょうさ ⑧つね ⑨むしゃ

❷
①句 ②日常 ③順序 ④古典 ⑤武士
⑥資料 ⑦調査 ⑧常 ⑨武者

❸
①最新 ②季節 ③案内図 ④便利
⑤公共 ⑥分類 ⑦百科事典 ⑧配置
⑨戦争 ⑩伝記 ⑪参考書 ⑫英語
⑬辞書 ⑭要望 ⑮司書 ⑯借りる
⑰以内 ⑱区別 ⑲児童書 ⑳説明
㉑順番 ㉒静か ㉓席 ㉔極力

みんなが使いやすいデザイン

27ページ 練習のワーク

❶
①せいべつ ②ひじょうぐち
③そうごうてき

❷
①性別 ②非常口 ③総合的

❸
①性別に関係なく参加できる。
②非常口に近い席を選ぶ。
③ビルを総合的に管理する。

同じ読み方の漢字

31～33ページ 練習のワーク

❶
①はか ②はか ③こうしゃ ④おうふく
⑤こうえん ⑥しゅうかん ⑦ひりょう
⑧せいし ⑨ぎゅうにく ⑩しゃざい
⑪ぼうふう ⑫ぼうふうりん ⑬こうせき
⑭こうせき ⑮こころざし ⑯だんせい
⑰こうかい ⑱けいそく ⑲こ ⑳つみ
㉑あば ㉒ふせ ㉓しぼうこう

❷
①測る ②計る ③校舎 ④往復 ⑤公演
⑥週刊 ⑦肥料 ⑧製糸 ⑨牛肉 ⑩謝罪
⑪暴風 ⑫防風林 ⑬鉱石 ⑭功績 ⑮志
⑯男性 ⑰航海 ⑱計測 ⑲肥 ⑳罪

教科書ワーク

答えとてびき

「答えとてびき」は、とりはずすことができます。

光村図書版
漢字5年

使い方

まちがえた問題は確《かく》実に書けるまで、くり返し書いて練習することが大切です。この本で、教科書に出てくる漢字の使い方を覚えて、漢字の力を身につけましょう。

●教科書　国語五　銀河

かんがえるのって　おもしろい／銀色の裏地／図書館を使いこなそう

5～7ページ　練習のワーク

❶ ①そうぞう　②けいけん　③しんじょう　④いんしょう　⑤ぜったい　⑥あつ　⑦しょう　⑧しょうじょう　⑨よろこ　⑩りかい　⑪ないよう　⑫ぎじゅつ　⑬てきせつ　⑭きょか　⑮ふくすう　⑯へ　⑰なさ　⑱ぞう　⑲た　⑳き　㉑と　㉒ゆる

❷ ①想像　②経験　③心情　④印象　⑤絶対　⑥厚い　⑦賞　⑧賞状　⑨喜ぶ　⑩理解　⑪内容　⑫技術　⑬適切　⑭許可　⑮複数　⑯経　⑰情　⑱絶　⑲喜　⑳解　㉑許

❸ ①弟の心情を想像する。　②多くの経験を積む。　③服そうで印象が変わる。　④約束は絶対に守る。　⑤厚い紙を折る。　⑥一等の賞状。　⑦入選を喜ぶ。　⑧相手の考えを理解する。　⑨作品の内容を調べる。　⑩技術が進歩する。　⑪適切な温度に調節する。　⑫許可が必要になる。　⑬複数の本を参考にする。

漢字の成り立ち

11～13ページ　練習のワーク

❶ ①こうず　②さくら　③はちぶ　④いちがん　⑤どう　⑥やぶ　⑦しゅうふく　⑧ほか　⑨がんか　⑩ていしゃ　⑪ただ　⑫そふぼ　⑬せきはん　⑭じゅんび　⑮ぼうえき　⑯こくさい　⑰あいけん　⑱せいけつ　⑲かま　⑳どくは　㉑おさ　㉒そな　㉓あんい　㉔やさ

❷ ①構図　②桜　③八分　④一丸　⑤銅　⑥破れる　⑦修復　⑧外　⑨眼科　⑩停車　⑪直ちに　⑫祖父母　⑬赤飯　⑭準備　⑮貿易　⑯国際　⑰愛犬　⑱清潔　⑲構　⑳修　㉑備

❸ ①写真の構図を決める。　②桜が八分ざきになるまで待つ。　③チーム一丸となって戦う。　④銅メダルと賞状をもらう。　⑤包み紙が破れる。　⑥神社を修復する。　⑦眼科の医者のしん察を受ける。　⑧各駅停車の電車に乗る。　⑨直ちに貿易を許可する。　⑩祖父母に赤飯をとどける。　⑪国際会議の準備をする。

7 次の言葉と反対の意味の言葉を、[ ]から選んで□に書きましょう。 一つ2（8点）

① 不作 ↔ □□

② 損失 ↔ □□

③ 結果 ↔ □□

④ 有限 ↔ □□

無限　経過
利益　原因
豊富　有効
利害　豊作

8 次の漢字の筆順で、正しいほうに○をつけましょう。 一つ1（3点）

① 可
ア（　）一 丆 丆 冂 可 可
イ（　）一 丁 丁 可 可

② 布
ア（　）ノ ナ 右 右 布
イ（　）一 ナ 右 右 布

③ 版
ア（　）丶 丶 片 片 片 版 版 版
イ（　）丿 丿 片 片 片 版 版 版

9 ――線の同じ読み方をする言葉を、漢字と送り仮名《がな》で書きましょう。 一つ2（12点）

①
1 大学で学問をおさめる。 □
2 王が国をおさめる。 □

②
1 算数の問題をとく。 □
2 約束を守る大切さをとく。 □

③
1 進行係をつとめる。 □
2 早起きにつとめる。 □

10 次の特別な読み方をする言葉の読み方を書きましょう。 一つ1（6点）

① 博士（　　）
② 真面目（　　）
③ 果物（　　）
④ 迷子（　　）
⑤ 眼鏡（　　）
⑥ 下手（　　）

3 ――線の言葉を、漢字と送り仮名で書きましょう。 一つ1（4点）

① 兄からの便りがたえる。
② 水がいきおいよく出る。
③ 家族の生活をささえる。
④ 土地をたがやす。

4 次の漢字の――線の読み方を書きましょう。 一つ1（7点）

① 留
1 アメリカに留学する。（　　）
2 しばらく家を留守にする。（　　）

② 増
1 人口が増える。（　　）
2 水かさが増す。（　　）

③ 志
1 医師を志して学ぶ。（　　）
2 志を高くもつ。（　　）
3 自分の意志で選ぶ。（　　）

5 形が似ていて同じ音読みをする漢字を、□に書きましょう。 一つ1（10点）

① ギ
1 □員
2 正□

② フク
1 □雑
2 回□

③ ソク
1 □定
2 規□
3 □面

④ セキ
1 □任
2 功□
3 体□

6 次の部首をもつ漢字を、[　]から選んで□に書きましょう。 一つ2（8点）

① けものへん □
② りっしんべん □
③ りっとう □
④ まだれ □

性　序　舎　犯　往　判　断

❸
㉑暴　㉒防　㉓志望校
①体育館で身長を測る。
②徒競走でタイムを計る。
③古い木造の校舎。
④駅まで自転車で往復する。
⑤音楽会の公演情報。
⑥野菜の肥料を改良する。
⑦加害者に謝罪を求める。
⑧大雨や暴風に備える。
⑨松の木を防風林に使う。
⑩鉱石から金属をとる。
⑪医学の分野で功績を残す。
⑫世界一周の航海に出る。

作家で広げるわたしたちの読書　モモ

36・37ページ　練習のワーク

❶
①むちゅう　②たんぺんしゅう　③けん
④だんげん　⑤きょうかいせん　⑥かど
⑦じたい　⑧ぎゃくほうこう　⑨ばん
⑩さゆう　⑪あつりょく　⑫あ　⑬けわ
⑭ことわ　⑮さか

❷
①夢中　②短編集　③険　④断言
⑤境界線　⑥角　⑦事態　⑧逆方向　⑨判
⑩左右　⑪圧力　⑫編　⑬険　⑭断　⑮逆

❸
①夢中で短編集を読む。
②き険がないか左右を確かめる。
③境界線を定める。
④さい判で無罪になる。
⑤最悪の事態に備える。
⑥逆方向の電車に乗る。

夏休み　まとめのテスト

38・39ページ　まとめのテスト❶

❶
①しんじょう・りかい
②ぎじゅつ・しょう　③さくら・こうず
④ただ・しゅうふく　⑤がんか・ていしゃ
⑥りゅうがくせい・ちょくせつ
⑦おおぜい・おう

❷
①絶対　②内容　③適切　④許可　⑤複数
⑥貿易　⑦国際　⑧清潔　⑨質問　⑩報告
⑪意識　⑫原因　⑬造る　⑭歴史

❸
①喜ぶ　②確かめる　③断る　④志す
⑤限る

❹
①1び　2そな　②1ぼう　2ふせ
③1しょう　2まね

❺
①1積　2績　②1像　2象
③1可　2河　④1経　2径

❻
①手　②位　③末　④銅

てびき

❶　⑦「大」は「おお」、「応」は「おう」と読みます。

❷　⑬建物や船など、大きいものをつくるときは「造る」を使います。

❸　②「確かめる」を「確める」「確る」などとしないようにしましょう。

④「志が高い」のように「こころざし」と読むときは送り仮名《がな》が付かないことも覚えておきましょう。

❺　漢字の形の共通する部分は、①「責」、②「象」、③「可」、④「圣」です。

❻　①「馬」は動物の馬の形、「手」は人間の手の形と、どちらも目に見える物の形を具体的にえがいたものです。

②「鳴」は「口」と「鳥」、「位」は「亻」(人)と「立」(たつ)という漢字の意味を組み合わせたものです。

③「上」「末」は、目に見えない事がらを、印や記号を使って表したものです。

④「性」は、右側の「生」が「セイ」という音を表し、左側の「忄」が「心」という意味を表します。同じように「銅」も、右側の「同」が「ドウ」という音を表し、左側の「金」が「金属」という意味を表します。

40・41ページ まとめのテスト②

1 ①ぶし・こてん ②ちょうさ・しりょう ③おうふく・はか ④ぼうふう・こうえん ⑤こうかい・こころざし ⑥けん・むちゅう ⑦かど・さゆう

2 ①日常 ②性別 ③総合的 ④校舎 ⑤謝罪 ⑥鉱石 ⑦功績 ⑧短編集 ⑨断言 ⑩境界線 ⑪事態 ⑫逆方向 ⑬判 ⑭圧力

3 ①1現れる 2表れる ②1敗れる 2破れる ③1厚い 2熱い ④1測る 2量る

4 ①ぎょうがまえ(ゆきがまえ) ②しめすへん ③しかばね(かばね) ④にくづき

5 ①3(三) ②7(七) ③2(二) ④1(一)

6 ①幹・刊 ②句・区 ③準・順

7 ①ア ②ア

てびき

3 ①「現れる」を「現われる」「現る」、「表れる」を「表われる」「表る」などとしないようにしましょう。
③「あつ(い)」と読む漢字には、他に「暑い」もあります。
④「測る」は長さや広さなどを、「量る」は重さなどをはかるときに使います。「はか(る)」と読む漢字には、他に時間や数などをはかるときに使う「計る」などもあります。

4 ①「術」の部首を「彳」(ぎょうにんべん)としないようにしましょう。

5 ①「忄」は、真ん中のたてぼうを最後に書きます。

7 ①イ「校正」は、「文章のまちがいなどを直すこと」です。

どちらを選びますか/新聞を読もう 文章に説得力をもたせるには 漢字の広場②

44〜46ページ 練習のワーク

1 ①せっとくりょく ②くら ③せいじ ④きょうみ ⑤しめ ⑥しゅちょう ⑦こじん ⑧ささ ⑨たいひ ⑩ふっこう ⑪ひょうじ ⑫は ⑬してん

2 ①説得力 ②比べる ③政治 ④興味 ⑤示す ⑥主張 ⑦個人 ⑧支える ⑨対比 ⑩復興 ⑪表示 ⑫張

3 ①氏名 ②郡 ③卒業 ④働く ⑤初めて ⑥週末 ⑦参加 ⑧自然・包まれる ⑨熱中 ⑩続ける ⑪目標 ⑫節約 ⑬悪天候 ⑭散々(散散) ⑮失敗 ⑯残念 ⑰反省 ⑱特訓 ⑲必死 ⑳努力 ㉑仲間 ㉒結束 ㉓不安 ㉔冷たい ㉕茨 ㉖苦労 ㉗信念 ㉘良好 ㉙希望 ㉚副隊長 ㉛連帯感 ㉜勇気 ㉝成功 ㉞旗 ㉟悲願 ㊱無事 ㊲達 ㊳輪・笑う ㊴祝賀会

たずねびと/漢字の広場③ 方言と共通語

49〜51ページ 練習のワーク

1 ①まよ ②しょざいち ③ひと ④べんとうばこ ⑤けん ⑥まじめ ⑦てい ⑧よ ⑨あま ⑩ほとけ ⑪か ⑫こうか ⑬あ ⑭どくじ ⑮きふ ⑯よけい ⑰ぶつぞう ⑱き

2 ①迷う ②所在地 ③独り ④弁当箱 ⑤検 ⑥真面目 ⑦提 ⑧寄る ⑨余る ⑩仏 ⑪貸す ⑫効果 ⑬独自 ⑭寄付 ⑮余計

3 ①産業 ②漁業 ③都道府県 ④各地 ⑤単位 ⑥億・兆 ⑦半径 ⑧面積 ⑨例題 ⑩底辺 ⑪計量 ⑫方法 ⑬結果 ⑭固定 ⑮試験管 ⑯加熱 ⑰給食・飯 ⑱栄養・富む ⑲健康 ⑳焼き ㉑塩分 ㉒変化・観察 ㉓種・芽 ㉔号令 ㉕記録 ㉖一周 ㉗合唱 ㉘楽器 ㉙学芸会 ㉚覚える

よりよい学校生活のために 浦島太郎「御伽草子」より 和語・漢語・外来語

55・56ページ 練習のワーク

1
①じょうけん ②たも ③ひょうか
④さんせい ⑤つま ⑥こ ⑦こんざつ
⑧しょうりゃく ⑨さいしゅう
⑩なまもの ⑪きんし ⑫しょうじょ
⑬かのうせい ⑭ほかん ⑮ぞうきばやし

2
①条件 ②保つ ③評価 ④賛成 ⑤妻
⑥混み ⑦混雑 ⑧省略 ⑨採集 ⑩生物
⑪禁止 ⑫少女 ⑬可能性 ⑭保管
⑮雑木林

3
①複数の条件を挙げる。
②室内を清潔に保つ。
③高い評価を得る。
④賛成多数で決定する。
⑤店が混雑する可能性がある。
⑥こん虫採集を禁止する。

固有種が教えてくれること 自然環境を守るために

60・61ページ 練習のワーク

1
①かてい ②ゆた ③ぶんぷ ④しんりん
⑤げんしょう ⑥ほご ⑦ふたた
⑧ぞうか ⑨しょうにん ⑩せきにん
⑪とうけいしりょう ⑫にさんかたんそ
⑬せってい ⑭す ⑮ほうふ ⑯へ
⑰さいかい ⑱ふ ⑲せ ⑳まか ㉑もう

2
①過程 ②豊か ③分布 ④森林 ⑤減少
⑥保護 ⑦再び ⑧増加 ⑨証人 ⑩責任
⑪統計資料 ⑫二酸化炭素 ⑬設定
⑭再会 ⑮責

3
①結果より過程が大切だ。
②自然の保護に努める。
③自分の責任を果たす。

カンジー博士の暗号解読 漢字の広場④

65～67ページ 練習のワーク

1
①はかせ(はくし) ②きょうじゅ
③きこうぶん ④ぶんかざい
⑤さんみゃく ⑥そしき ⑦けんちく
⑧きゅうどう ⑨きそく ⑩ちょきん
⑪しんがた ⑫けつえき ⑬きほん
⑭がく ⑮じこ ⑯お ⑰きず
⑱げんけい ⑲ひたい

2
①博士 ②教授 ③紀行文 ④文化財
⑤山脈 ⑥組織 ⑦建築 ⑧旧道 ⑨規則
⑩貯金 ⑪新型 ⑫血液 ⑬基本 ⑭額
⑮事故

3
①宮城 ②茨城 ③栃木 ④群馬 ⑤埼玉
⑥神奈川 ⑦新潟 ⑧富山 ⑨福井
⑩山梨 ⑪岐阜 ⑫静岡 ⑬愛知 ⑭滋賀
⑮京都府 ⑯大阪府 ⑰兵庫 ⑱奈良
⑲岡山 ⑳徳島 ㉑香川 ㉒愛媛 ㉓福岡
㉔佐賀 ㉕長崎 ㉖熊本 ㉗宮崎
㉘鹿児島 ㉙沖縄

やなせたかし――アンパンマンの勇気 あなたは、どう考える

70・71ページ 練習のワーク

1
①ほんみょう ②ふうふ ③すく
④ほんかくてき ⑤しょく ⑥いどう
⑦はか ⑧せいぎ ⑨ころ ⑩まず
⑪しゅっぱんしゃ ⑫のち ⑬の ⑭かり
⑮きゅうじょ ⑯うつ ⑰ぼち
⑱さっぷうけい ⑲びん ⑳きじゅつ
㉑かせつ

2
①本名 ②夫婦 ③救う ④本格的 ⑤職
⑥移動 ⑦墓 ⑧正義 ⑨殺す ⑩貧しい
⑪出版社 ⑫後 ⑬述べる ⑭仮 ⑮救助
⑯墓地 ⑰殺風景 ⑱記述

3
①夫婦で先祖の墓に参る。
②貧しい農民を救う。
③出版社のしゅう職試験。

冬休み　まとめのテスト

72・73ページ　まとめのテスト①

1 ①せっとくりょく・しゅちょう　②きょうみ・しめ　③ささ・まじめ　④しょざいち・けん　⑤たも・じょうけん　⑥ひょうか・さんせい　⑦さいしゅう・きんし

2 ①比べる　②政治　③個人　④迷う　⑤独り　⑥弁当箱　⑦提　⑧寄る　⑨余り　⑩貸す　⑪妻　⑫省略　⑬少女　⑭可能性

3 ①移る　②設ける　③増える　④任せる　⑤責める

4 ①1織　2識　②1版　2板

5 ①設　②仏　③程

6 ①1こん　2こ　②1せい　2なま　③1めい　2な　3みょう

てびき

2 ⑤「ひとり」は「一人」とも書きますが、「ひとり言」というときは「独り言」と書きます。

3 ③「増」には、他に「ま(す)」「ふ(やす)」という訓読みもあります。

5 それぞれ次の熟《じゅく》語ができます。
①仮設・設置・設備・設定
②念仏・仏教・仏像・仏心
③音程・工程・日程・程度

6 ①「混」には、他に「ま(じる)」「ま(ざる)」「ま(ぜる)」という読み方もあります。
③「名」を「ミョウ」と読む言葉には、「本名」の他に「名字」などがあります。

74・75ページ　まとめのテスト②

1 ①ぶんぷ・とうけい　②ぶんかざい・ほご　③せきにん・しょうにん　④にさんかたんそ・せってい　⑤はかせ(はくし)・きょうじゅ　⑥ちょきん・がく　⑦ほんかくてき・しょく

2 ①過程　②豊か　③森林　④山脈　⑤組織　⑥建築　⑦新型　⑧血液　⑨移動　⑩墓　⑪殺す　⑫貧しい　⑬出版社　⑭仮

3 ①混ぜる　②再び　③過ごす　④築く　⑤救う　⑥述べる

4 ①減　②賛　③基　④旧

5 ①1個　2故　②1寄港　2紀行　③1婦　2夫　④1効果　2高価

6 ①義・いぎ　②検・けんさ　③則・きそく　④護・ようご

てびき

2 ①同じ読み方で似た意味の言葉に「課程」があります。「過程」は「物事の始まりから結果までの道のり」、「課程」は「学習の内容や順序を決めたもの」を表します。

3 ①「まぜる」には、「混ぜる」の他に「交ぜる」もあります。「混ぜる」はいっしょにした後に区別がつかなくなる場合、「交ぜる」はいっしょにした後も区別がつく場合に使います。

5 ③「婦人」は、大人の女性のことを表します。「夫人」は、他人の妻をていねいによぶ言葉です。

6 ②「検」と「査」は、どちらも「調べる」という意味の漢字です。

熟語の読み方　漢字の広場⑤

78〜81ページ　練習のワーク

1 ①しいく　②わたげ　③いま　④えいきゅう　⑤しみず　⑥かわら　⑦かわら　⑧しょうどく　⑨やおや　⑩えいぎょう　⑪くだもの　⑫まいご　⑬めがね　⑭ぼうはん　⑮こうし

⑯せいりょくてき ⑰へた ⑱か
⑲めんか ⑳じゅうきょ ㉑なが ㉒ひさ
㉓いとな

2

①飼育 ②綿毛 ③居間 ④永久 ⑤清水
⑥川原（河原） ⑦消毒 ⑧八百屋 ⑨営業
⑩果物 ⑪迷子 ⑫眼鏡 ⑬防犯 ⑭講師
⑮精力的 ⑯下手 ⑰飼 ⑱綿花 ⑲住居
⑳久 ㉑営

3

①愛犬を飼育する。 ②白い綿毛が飛ぶ。
③居間で家族と過ごす。
④永久の平和を願う。
⑤冷たい清水を飲む。
⑥川原（河原）で迷子を保護する。
⑦熱湯で消毒する。
⑧八百屋さんで大根を買う。
⑨祝日も営業する。
⑩食後に果物を食べる。
⑪眼鏡を新調する。 ⑫防犯に努める。
⑬教室に講師を招く。
⑭精力的に活動する。
⑮下手な字を直す。

4

①街灯（外灯） ②清流 ③目的地 ④浅い
⑤牧場 ⑥付近 ⑦野菜畑 ⑧両側 ⑨松
⑩民家 ⑪建物 ⑫低い ⑬木材 ⑭倉庫
⑮衣料品店 ⑯博物館 ⑰印刷所 ⑱右折
⑲交差点 ⑳陸上競技 ㉑百貨店 ㉒徒歩
㉓改札

想像力のスイッチを入れよう 複合語

85～87ページ 練習のワーク

1

①しゅうかん ②しゅうい ③ふりえき
④さいがい ⑤うおいちば ⑥まさゆめ
⑦えだ ⑧あゆ ⑨しょうひぜい
⑩ほうせいど ⑪じんこうえいせい
⑫のうこうちたい ⑬そんがいほけん
⑭ゆきがっせん ⑮こな ⑯へいきん
⑰ゆにゅう ⑱しょうねんだん ⑲じむ
⑳ふなたび ㉑つのぶえ ㉒な ㉓かこ
㉔たがや ㉕ふんまつ ㉖こむぎこ
㉗つと

2

①習慣 ②周囲 ③不利益 ④災害
⑤魚市場 ⑥正夢 ⑦枝 ⑧歩み
⑨消費税 ⑩法制度 ⑪人工衛星
⑫農耕地帯 ⑬損害保険 ⑭雪合戦 ⑮粉
⑯平均 ⑰輸入 ⑱少年団 ⑲事務
⑳船旅 ㉑角笛 ㉒慣 ㉓囲 ㉔耕
㉕粉末 ㉖小麦粉 ㉗務

3

①悪い習慣を直す。
②周囲の期待に応える。
③災害からの復興が進む。
④道路が枝分かれする。
⑤消費税をふくむ金額。
⑥法制度の整備を行う。
⑦人工衛星から地球を見る。
⑧粉ミルクを輸入する。
⑨得点が平均を上回る。

大造じいさんとガン 漢字の広場⑥

89～91ページ 練習のワーク

1

①かい ②も ③ひき ④とうりょう
⑤しどう ⑥どうどう ⑦こころよ
⑧ねんりょう ⑨かくりつ ⑩みちび

2

①快 ②燃える ③率いる ④頭領
⑤指導 ⑥堂々（堂堂） ⑦快 ⑧燃料
⑨確率 ⑩導

3

①仲間とゆ快な時間を過ごす。
②火が勢いよく燃える。
③武士の集団を率いる。
④頭領が演説する。
⑤児童を熱心に指導する。
⑥堂々（堂堂）とした態度。

4

①課題 ②大臣 ③求める ④公害
⑤国会議員 ⑥選挙 ⑦投票 ⑧未来
⑨自然 ⑩軍手 ⑪巣箱 ⑫関心
⑬飛行機 ⑭昨夜 ⑮欠便 ⑯機械
⑰完成 ⑱浴びる ⑲照明 ⑳泣く
㉑器官 ㉒治す ㉓夫・協力 ㉔鏡 ㉕城
㉖鹿 ㉗絶景 ㉘老人・孫 ㉙満開・梅

㉚日光浴

5年　仕上げのテスト

92・93ページ　仕上げのテスト①

1 ①いま・しいく　②かわら・わたげ
③しょうどく・しゅうかん
④さいがい・のうこうちたい
⑤こな・しょうひぜい
⑥そんがいほけん・じむ
⑦とうりょう・どうどう

2 ①永久　②営業　③防犯　④講師　⑤周囲
⑥不利益　⑦歩み　⑧法制度　⑨衛星
⑩平均　⑪少年団　⑫快　⑬燃える
⑭指導

3 ①営む　②快く　③率いる　④導く
⑤久しい　⑥囲む

4 ①ウ　②イ　③ウ

5 ①1制　2製　②1輪　2輪
③1技　2枝　④1卒　2率

6 ①イ　②ア　③エ　④ウ　⑤エ

てびき

3 ②「快く」を「快よく」「快ろよく」などとしないようにしましょう。
③「率いる」を「率る」などとしないようにしましょう。
④「導く」を「導びく」などとしないようにしましょう。

4 ①ウ「正夢」は「まさゆめ」と読みます。その他の「正」は「ショウ」と読みます。
②イ「合戦」の「合」は「カッ」、その他の「合」は「ガッ」と読みます。
③ウ「湯船」の「船」は「ふね(ぶね)」、その他の「船」は「ふな」と読みます。

6 ③「夕刊」は「ゆうカン」と読みます。「夕」は訓読み、「刊」は音読みです。
④「新型」は「シンがた」と読みます。「新」は音読み、「型」は訓読みです。

94～96ページ　仕上げのテスト②

1 ①ぼうえき・きょか　②そふぼ・しつもん
③れきし・まね
④ちょうさ・そうごうてき
⑤こうかい・きょうみ　⑥あま・こんざつ
⑦じこ・すく

2 ①印象　②喜ぶ　③技術　④構図　⑤準備
⑥清潔　⑦報告　⑧似る　⑨直接　⑩肥料
⑪示す　⑫省略　⑬保護　⑭習慣

3 ①絶える　②勢い　③支える　④耕す

4 ①1りゅう　2る　②1ふ　2ま
③1こころざ　2こころざし　3し

5 ①1議　2義　②1複　2復
③1測　2則　3側　④1責　2績　3積

6 ①犯　②性　③判　④序

7 ①豊作　②利益　③原因　④無限

8 ①ア　②ア　③イ

9 ①1修める　2治める　②1解く　2説く
③1務める　2努める

10 ①はかせ　②まじめ　③くだもの
④まいご　⑤めがね　⑥へた

てびき

4 ①「留」には他に、「と(める)」「と(まる)」という読み方もあります。

5 ②「複」には「重ねる・二つ以上ある」という意味、「復」には「元にもどる・くり返す」という意味があります。

7 ②「損」と「失」は、どちらも「なくす・うしなう」という意味をもつ漢字です。

9 ①1「修める」は「行いを正しくする・学問やわざを身につける」、2「治める」は「国などをおだやかにする」という意味です。
③1「務める」は「自分の役目を果たす」、2「努める」は「力をつくす・努力する」という意味です。

10 特別な読み方をする言葉は数が少ないので、一つ一つ覚えておきましょう。

3 2 1 0 9 8 7 6 5 4
＊ ＊ D C B A